KB067146

_____ 님의 소중한 미래를 위해
이 책을 드립니다.

리더는
어떻게 생각하고
행동해야 하는가

노 주 선 박 사 의 리 더 십 클 리 닉

리더는
어떻게 생각하고
행동해야 하는가

노주선 지음

메이트북스

우리는 책이 독자를 위한 것임을 잊지 않는다.
우리는 독자의 꿈을 사랑하고,
그 꿈이 실현될 수 있는 도구를 세상에 내놓는다.

리더는 어떻게 생각하고 행동해야 하는가

초판 1쇄 발행 2018년 9월 5일 | **초판 3쇄 발행** 2021년 9월 3일 | **지은이** 노주선
펴낸곳 ㈜원앤원콘텐츠그룹 | **펴낸이** 강현규 · 정영훈
책임편집 유지윤 | **편집** 안정연 · 오희라 | **디자인** 최정아
마케팅 김형진 · 이강희 · 차승환 · 김예인 | **경영지원** 최향숙 | **홍보** 이선미 · 정채훈
등록번호 제301-2006-001호 | **등록일자** 2013년 5월 24일
주소 04607 서울시 중구 다산로 139 랜더스빌딩 5층 | **전화** (02)2234-7117
팩스 (02)2234-1086 | **홈페이지** blog.naver.com/1n1media | **이메일** khg0109@hanmail.net
값 15,000원 | **ISBN** 979-11-6002-167-7 03320

이 도서의 국립중앙도서관 출판시도서목록(CIP)은 e-CIP홈페이지(http://www.nl.go.kr/ecip)에서
이용하실 수 있습니다.(CIP제어번호 : 2018026452)

오케스트라를 지휘하는 지휘자 자신은
정작 아무 소리도 내지 않습니다.
그는 얼마나 다른 이들로 하여금
소리를 잘 내게 하는가에 따라 능력을 평가받습니다.

· 벤 젠더(보스턴 필하모닉 지휘자) ·

리더의 품격은
어디에서 오는가?

인사 담당자들에게 다음과 같은 질문을 자주 받는다. "박사님! 한
정된 예산과 자원으로 인력계발을 위한 투자와 노력을 한다면 과연
어떤 대상에게 집중하는 것이 좋을까요?"라는 질문이다.

　이에 대해서 나는 두 번 생각할 필요도 없이 바로 "리더에게 투
자하는 것이 가장 효과적입니다!"라고 답한다. 즉 '리더'란 조직을
이끌어가는 가장 핵심적인 인력으로서 그들이 어떻게 행동하는지
에 따라 전체적인 조직 분위기가 크게 달라지며, 조직의 성과창출
과정에서도 가장 큰 기여와 역할을 수행한다.

물론 리더가 모든 업무를 다 수행하고 직접적으로 성과를 이끌어내는 것은 아니다. 하지만 리더들이 직원들을 효과적으로 동기부여하고 업무 수행을 얼마나 잘 리드하느냐에 따라 전체 조직의 효율성과 열정이 좌우된다는 점은 분명하다.

모든 조직은 사람에 대해 고민하고 투자하며, 이들이 열심히 일할 수 있도록 하고, 지속적으로 성장할 수 있도록 투자하고 노력해야 한다. 이 과정에서 가장 핵심적인 역할을 수행하는 것이 바로 리더다. 따라서 "조직에서 가장 중요한 사람 혹은 투자 대상자는 누가 되는 것이 적절하고 효과적일 것인가?"라는 질문에 대한 가장 분명한 답변은 "리더"인 것이다.

그런데 때로는 '과연 리더들 자체는 적절한 돌봄과 육성을 받고 있는가?' '리더가 자신의 업무를 수행하는 데 있어서 필요한 지원을 받고 있는가?'라는 고민을 해볼 때가 있다. 그에 대해 대답을 한다면 "예"라고 말하기는 어렵다.

현업 전문가에서 리더가 되었을 때 '우리는 리더들에게 사람을 다루고 동기화하며 열정과 몰입을 유도하는 방법을 충분히 제공했는가?' '리더들이 현장에서 부딪치는 다양한 인력관리 이슈에 대해 적절한 해답과 솔루션을 제공했는가?'라고 반문해볼 때, 그렇지 못한 것이 현실이다.

리더의 역할이 중요하다는 것을 항상 강조하고 있으며, 리더십에 따라서 조직의 분위기와 성과가 좌우된다는 것을 분명히 알고 있다. 그럼에도 불구하고 우리는 그들이 리더로서 부딪치는 문제들을 해결하도록 적절한 지원을 제공해주지 못하고 '각자 알아서' 해결하도록 하고 있는 것이다. 그들이 중요하다고 생각하며 중요한 역할을 한다고 믿고 있음에도 불구하고 소위 '개인기'에 의해서 '자신에게 닥친 문제들이나 이슈들을 해결하도록 방치하지 않았는가?' 하는 반성을 해볼 필요가 있다.

이 책은 그동안 수많은 리더십 교육이나 코칭 과정에서 리더들이 호소했던 다양한 이슈와 고민들로부터 시작되었다. 그들의 고민과 이슈들에 대한 효과적인 해결방안 및 적절한 솔루션은 무엇인지 고민하는 데서 시작된 결과물이다.

심리학을 전공하고 정신과와 상담센터 등 임상 현장을 떠나 기업과 일을 시작한 이후, 사람을 다루고 관리하는 업무를 수행하는 리더들을 보면서 안타까운 생각을 할 때가 많았다. 사람을 다루어야 함에도 불구하고 사람에 대한 충분한 공부나 관련된 적절한 훈련이 부족한 경우가 많았다.

또한 교육을 받았다고 하더라도 원리나 지식 중심의 리더십 교육, 즉 이른바 '지식 리더십 교육'을 받는다는 생각을 지울 길이 없었다. 이로 인해 실제 리더십 현장에서의 다양한 문제나 이슈들에 대해서 홀로 고민하고 정답도 모른 채 혼자서 고군분투하는 모습이 안타깝다고 느낀 적이 많았다.

이와 같은 경험에 기초해 현장에서 리더들이 경험하는 다양한 이슈나 문제들에 대해 '정답은 아니겠지만 고려해볼 만한 핵심적 원리와 효과적인 솔루션'을 제공하고자 한다. 이를 통해 매일 직면하는 사람관리 과정에서 갈등과 고민을 가지고 있는 리더들을 지원하고자 한다. 궁극적으로는 리더와 구성원들이 보다 행복하고 열정적으로 일함으로써 자연스럽게 조직의 성과와 발전도 이루어졌으면 하는 마음에서 쓴 책이다.

이 책으로 모든 문제들을 다 해결할 수도 없으며, 모든 사람에게 다 적용할 수 있는 완벽한 솔루션을 제공할 수는 없다. 하지만 이 책을 읽는 리더들이 '나 혼자만 이런 고민을 하는 게 아니었구나'라는 공감적 위로를 받았으면 하는 마음과 더불어 '이렇게 접근하면 좋겠구나!'라는 통찰을 얻었으면 하는 바람이다.

노주선

리더는 또 다른
새로운 역할이다

리더는 기존의 현업 전문가 이상의 다양한 능력을 요구하는 또 다른, 그리고 새로운 역할이다. 동시에 '사람'이라는 쉽지 않은 대상을 리드하기 위한 복잡하고 정교한 역할이다. 사람을 리드한다는 것은 기존의 업무나 비즈니스를 수행하는 방식과는 매우 다른 과정이다.

  비즈니스의 성공과 업무 처리 방식이라는 것은 보통 정답이 있으며, 논리적이고 합리적인 사고를 통해 해결되는 경우들이 많다. 하지만 사람을 다루는 것은 어떤 것이 정답인지도 애매할 뿐만 아니라 사람마다 정답이 다른 경우도 흔하다.

또한 논리적인 설명이 어려운 감정적 요소에 의해 좌우되거나 혹은 관계가 이루어지는 그 순간의 미묘한 역동으로 인한 결과물을 낳기도 한다. 따라서 이를 파악하고 관리하기 위해서는 기존에 익숙하지 않던 '공감' '이해' '배려', 그리고 '감정적 요소'를 고려한 '영향력 행사' 등이 요구된다.

이것은 지금까지 경험해왔던 것과는 상당히 다른 새로운 역할이며, 이에 필요한 요소들도 매우 다양하고 새로운 것이다. 그러므로 리더가 되기 위해서는 기존과는 다른 새로운 역할, 그리고 보다 복잡하고 정교한 능력에 대한 학습과 계발이 필요하다.

리더는 구성원과는 다른 능력이 필요하다!

리더십 교육 중 교육 대상자들에게 다음과 같은 질문을 던진다. "한 기업의 CEO는 그 분야의 전문가여야만 합니까?" 이에 대한 수강생들의 대답은 "아니다" 혹은 "꼭 그럴 필요는 없다"이다. 이에 더해 추가로 다음의 질문을 던진다.

"한 기업의 CEO는 사람에 대한 전문가여야 합니까?" 이에 대한 수강생들의 대답은 한결같이 "예"이다. 즉 현업 전문가이기만 해도 충분한 일반 직원과는 달리, 리더는 직무에 대한 전문성과 더불어 사람에 대한 전문성이 요구되는 것이다. 더 구체적으로는 리더는 그 수준이나 역할에 따라서 업무에 대한 기본적인 지식이나 수행 능력뿐만 아니라 자기 조직의 구성원들을 이끌어가는 방법을 알아야 한다. 어떻게 하면 열정적으로 일에 몰입하게 할 수 있으며, 어떤 때에 좌절과 스트레스를 받으며, 슬럼프에 빠진 구성원들을 도와주고 해결할 수 있는 방법은 무엇인지 알고 있어야 한다. 즉 '사람 전문가'로서의 능력과 역할이 요구되는 것이다.

우리는 주변에서 이와 같은 '사람 전문가'로서의 능력과 역할이 부족한 리더들을 흔히 볼 수 있다. 적절한 위임을 하지 못하고 스스로 모든 일을 처리해야만 편안해하는 리더, 사람을 다루는 능력이 부족해서 구성원들의 불만을 유발하며 심지어는 잦은 이직을 초래하는 리더, 그리고 직원들의 감성을 파악하고 배려하지 못하고 자신의 기분이나 감정에 따라서 행동하는 폭군과 같은 리더 등이 이에 해당한다.

이들은 기본적으로 '사람 전문가'로서 리더의 요구조건을 잘 이해하지 못하거나 수용하지 못하고 있는 것이다. 또한 '사람 전문가'로서 리더에게 요구되는 능력이나 자질을 적극적으로 계발하고자 하는 노력도 부족한 것이다. 따라서 자신의 문제점이나 개선점을 다른 사람들은 다 알고 있음에도 본인만 모르고 있으며, 나타난 문제와 현상들에 대해 '남의 탓'을 하거나 엉뚱한 원인에 귀인해 궁극적인 문제 해결에 이르지 못하는 것이다.

이와 같이 리더는 일반 직원과는 다른 특성과 역할이 요구되며,

리더는 이를 갖추고 있어야 한다. 만약 이러한 자질과 역량이 충분하다면 리더 개인과 구성원이 모두 만족할 수 있으며, 이는 조직의 긍정적 성과의 밑받침이 될 것이다. 그러나 이와 같은 자질과 역량이 부족할 뿐 아니라 계발할 필요도 인식하지 못한다면 그가 관리하는 구성원들에게 아픔과 좌절을 줄 뿐 아니라 결국 조직의 성과를 저해하게 될 것이다.

리더는 타고 태어나는가? _ 리더의 성장과 변화

많은 사람들에게 흔히 받는 질문 중 하나가 "리더십은 타고 태어나는 능력인가? 아니면 육성과 계발을 통해서 향상 가능한 능력인가?" 하는 문제이다. 과연 리더는 태생적으로 타고나는 것일까, 아니면 육성과 계발을 통해서 만들어지는 것일까?

이와 관련된 정답은 "리더는 타고나는 부분도 있고, 훈련을 통해서 만들어지는 부분도 있다!"이다. 즉 리더십의 일정 영역은 타고나지만 또 다른 부분들은 육성과 계발을 통해서 만들어진다.

리더의 특성적인 영역들(예를 들면 내향형 혹은 외향형 성격 등)은 타고나는 부분으로 쉽게 변화하지 않는다. 따라서 평생 그 특성들이 유지되며, 해당 특성과 관련된 행동 경향성들이 리더의 활동 속에서 안정적으로 나타난다. 반면에 사람관리와 관련된 지식이나 스킬의 경우(예를 들면 성격 유형에 대한 이해나 효과적인 면담법 등)에는 본인의 노력 여부에 따라 상당한 개인차를 보이게 되며, 육성이나 계발을 통해 훈련되고 변화할 수 있다.

좀더 구체적으로 살펴보면, 리더십에 대한 다양한 정의가 있을 수 있으나 구조적 차원에서 보면 리더십은 기본적으로 대인관계 패턴이나 능력과 관련된 것이다. 대인관계 중에서도 친구들이나 가족 같은 개인적 혹은 감정적 관계가 아닌 성과 중심적 조직에서 보이는 이해관계에 기반한 목적적 관계이다.

특히 그 중에서도 상사의 지시나 팀의 원칙에 맞추어 행동하는 능력(즉 팔로워십)과는 대비되게 다른 사람들을 리드하고 이끄는 능력을 특정하는 것이다. 즉 리더십이란 성과라는 목적을 가지고 만들어진 조직이라는 환경 속에서, 역할에 따라 사람들을 리드하고 이끄는 것과 관련된 제반 특성 및 관련된 스킬이나 노하우 등으로 정의할 수 있다.

이와 같은 정의를 전제로 할 때, 각 상황에서의 전반적인 행동 경향성은 쉽게 변화하지 않는다. 하지만 구체적인 이슈 상황에서의 스킬이나 대처법, 그리고 리더로서의 내적 가치나 원칙 등은 노력과 훈련에 의해 변화 가능하다.

예를 들어 외향형 리더의 경우 신속한 의사결정과 빠른 실행을 보이며, 내향형 리더의 경우 행동하기 전에 심사숙고해 신중한 판단과 그에 따른 행동을 보인다. 이와 같은 전반적인 행동경향성은 쉽게 변화하지 않는다. 반면에 구성원을 선발하는 데 필요한 면접 스킬이나 구성원에 대한 분석 방법, 그리고 평가나 수행 피드백을 제공하는 데 효과적으로 사용되는 커뮤니케이션 스킬 등은 충분히 훈련과 연습을 통해 계발 가능하다.

'이 나이에 내가 변화하겠어?' '성격이라는 게 어디 쉽게 변하나?' '리더십 계발을 하는 데 노력을 기울이느니 차라리 잘하는 부분을 더 활용하는 게 낫지?' 등의 생각들은 리더십의 변화 가능 영역과 변화 불가한 영역 간에 대한 이해가 부족한데서 나오는 잘못된 생각들이다. 리더십 향상이라는 것은 성격 자체를 변화하거나 혹은 나의 근본을 바꾸는 것이 아니다. 리더로서 활동하면서 겪게 되는 다양한 상황에서의 대처 솔루션과 기법들을 학습하고 연습하는 과정이라고 생각하는 것이 합리적이다.

이와 같은 생각은 리더십 계발에 대한 심리적 부담과 저항감을 줄이고, 변화나 성장의 초점을 명확히 함으로써 보다 실질적이고 구체적인 리더십 향상에 도움을 줄 수 있다.

리더는 사람 전문가가 되어야 한다

모든 구성원은 각자 자신의 전문 분야가 있으며, 해당 직무에서 숙련된 전문가로 활동한다. 그리고 이와 같은 수준에 이르기까지는 수많은 시간을 투자하고 상당한 노력을 기울여왔다. 또한 직무 경력이 2년 차인 경우와 20년 차인 경우는 직무와 관련된 경험이나 지식이 상당히 다를 수밖에 없다. 즉 특정 직무에서의 직무 전문가가 되어가는 과정 자체는 많은 시간 동안 상당한 노력을 기울인 결과이며, 다양한 상황에 대한 경험과 그에 대한 효과적인 대처와 솔루션이 축적되어온 결과다.

이와 마찬가지로 리더는 사람에 대한 전문가가 되어야 한다. 즉 우수한 자질을 가진 리더가 되기 위해서는 많은 시간과 노력을 투자해야만 할 뿐 아니라 다양한 상황에서의 경험과 각 상황에서의 효과적인 대처 방법들이 축적되어야 하는 과정이 필요하다. 직무 전문성의 경우에는 정답이 있는 경우가 많을 뿐 아니라 성과나 결과도 구체적이고 분명하다.

반면에 사람 전문가가 되어가는 과정은 리더의 특성이나 성향과 구성원의 특성이나 성향 간에 발생하는 복잡한 상호작용이다. 동시에 상호작용이 발생하는 상황까지도 고려해야 하는 매우 복합적인 과정이다. 게다가 이 과정 자체가 심리적인 작용이기 때문에 가시적이지도 않으며, 그 결과가 양적으로 명확하게 나타나는 것도 아니라는 점에서 직무 전문성보다 훨씬 더 어렵고 힘든 과정이 된다.

사람 전문가가 되어가는 과정 자체가 심리적이며 복합적이기 때문에 리더들은 자신의 리더십 계발과 향상의 중요성이나 필요성을 인식하지 못하는 경우가 많다. 또한 과정상 정답이 분명하지 않으며 결과 또한 명확하지 않기 때문에 상당한 혼란이나 어려움을 겪는 경우도 종종 발생하게 된다. 하지만 직무 전문가가 되어가는 과정에도 나름대로의 절차와 단계가 있듯이 사람 전문가가 되어가는 과정에도 그 과정과 단계들이 있다.

사람 전문가가 되어가는 과정은 크게 3단계로 나누어진다. 그 첫 번째 단계는 리더로서 스스로에 대한 이해와 학습이며, 두 번째 단계는 다른 특성이나 성향을 보이는 구성원에 대한 이해와 학습이다. 마지막 세 번째 단계는 리더와 구성원 간의 상호작용에 대한 이해와 학습이다.

리더, 구성원, 그리고 상호작용

사람 전문가가 되는 첫 번째 단계는 리더 자신에 대한 이해와 학습이다. 즉 스스로의 특성과 행동경향성에 대한 명확한 이해와 관련된 특징들을 알고 있어야 한다. 이미 조직에서는 상당히 다양한 방법을 통해 리더의 특성을 분석하고 진단한다. 역량진단이나 평가센터, 혹은 다면평가 등을 통해 리더에 대해 평가하고 관련된 정보를 제공하며, 다양한 리더십 모델과 프레임을 통해 리더십 행동에 대해 의미를 부여하고 해석한다.

때로는 너무 많은 정보로 인해 과연 어떤 것이 진정한 나의 모습인지에 대해 혼란스러울 수도 있다. 하지만 이 모든 평가는 모두 의미와 가치가 있는 작업이다. 우리가 옷을 하나 사더라도 어떤 사람은 전체적인 스타일에 주목하고, 다른 사람은 기능성에 주목하며, 또 다른 사람은 기존에 있는 옷과의 매칭을 고려해 구입을 하듯이 이 모든 평가들은 다양한 관점에서 나의 리더십을 조망하는 정보들인 것이다.

다만 여러 가지 관점을 통합한 종합적 선택을 하는 경우 가장 편안하면서도 기능적으로 우수한 옷을 구입할 수 있듯이, 리더십 평가 정보의 경우에도 다양한 관점과 평가들을 통합해 종합적으로 이해해가는 과정이 가장 중요하다.

사람 전문가가 되는 두 번째 단계는 나와는 다른 특성과 입장을 가진 구성원에 대한 이해와 학습이다. 사람들의 외적인 생김새가 모두 다르며 옷을 입는 취향도 다르듯이, 구성원의 경우에도 일을 하는 방법이나 대인관계 방법들이 모두 다를 수밖에 없다. 이와 같은 타인의 다름을 이해하고 수용할 줄 아는 것이 반드시 필요하다. 우리는 부지불식간에 다른 사람들도 나와 동일하게 생각하고 행동할 것이라고 기대를 하게 된다.

특히 리더의 경우 구성원들의 방식이나 생각을 존중하고 인정하기 보다는 나의 방식에 맞추어줄 것을 강요하기 쉽다. 이와 같은 타인의 다름을 명확하게 인정하고 수용하지 못한다면 역동적인 상호작용 과정에서 갈등이나 문제를 겪을 수밖에 없다.

사람 전문가가 되는 세 번째 단계는 나와 타인 간의 상호작용에 대한 이해와 학습이다. 사람들 간에 발생하는 상호작용은 동일하지 않다. 대인관계에서의 상호작용이라는 것은 나의 고유한 특성과 상대방의 고유한 특성 간에 발생하는 독특한 상호작용이다. 또한 상대방의 특성이 달라지면 상호작용의 양상과 결과 또한 달라질 수밖에 없다. 즉 이전 팀의 구성원들에게서 성공적이었던 리더십 활동이 새로운 팀에서도 성공하리라는 보장이 없는 것이다.

따라서 사람들의 유형이나 특성에 상관없이 동일하게 적용할 수 있는 대인관계에서의 상호작용 원리와 더불어 각각의 특성이나 유형 간에 발생하는 다양한 상호작용에 대한 이해와 학습이 필요하다. 특히 리더의 경우 리더로서의 활동과 관련해 긍정적이고 일상적인 상호작용뿐만 아니라 갈등이나 문제가 발생할 경우의 상호작용에 대해서도 반드시 학습하고 계발할 필요가 있다.

건강관리와 리더십관리

리더들이 보다 우수한 리더로서 성장하고 발전할 수 있는 방법은 무엇일까? 그 원리와 과정은 우리가 건강을 관리하는 방법과 동일하다. 우리가 건강을 관리하는 방법은 무엇인가?

그 첫 번째는 건강과 관련된 문제나 이슈에 민감하게 반응하는

것이다. 즉 몸의 이상 신호를 재빨리 감지하고 이에 대해서 적극적
으로 대처하는 사람은 신체적 문제가 심각한 상태에 이르기 전에
문제를 인식하고 해결할 수 있다.

이어 두 번째는 신체적 상태에 대한 주기적이고 객관적인 평가
다. 1~2년에 한 번씩 하는 건강검진의 기능은 정기적인 신체 상태
에 대한 점검을 통해 잠재적인 신체적 문제를 적극적으로 관리하
고 예방하는 데 그 의미가 있다.

세 번째는 객관적 평가상 결과에 따른 적절한 대처와 실행이
다. 만약 문제가 있다면 이를 해결하기 위한 즉각적인 개입과 신
속한 치료를 받고, 특별한 문제가 없는 경우에도 신체적 특성을
고려한 운동요법이나 식이요법 등을 통해 더욱 건강한 신체를 만
들 수 있다.

리더십을 관리하는 방법도 이와 동일하다. 첫 번째는 리더십과
관련된 이슈에 대해 항상 개방적이고 민감한 태도를 가지고 적극
적으로 대응하는 것이다. 나의 방식이 무조건 맞는다고 생각하기
보다는 혹시라도 문제가 있는지 혹은 더욱 좋은 개선점은 없는지
에 대해 고민하면서 행동하는 것이 필요하다.

두 번째는 주기적이고 객관적인 리더십 평가를 받는 것이다. 특
히 리더십 이슈는 심리적인 것이므로 '비가시적'이라는 특성 때문
에 평가하기 어렵다고 생각하거나 혹은 평가 결과를 신뢰하지 않
는 경우들이 많다. 하지만 이를 평가하기 위한 다양한 방법들이 존

재한다. 우리가 일반적으로 사용하는 다면평가나 심리검사 등을 통한 리더십 진단이 이에 해당한다.

마지막 세 번째로는 객관적 평가를 바탕으로, 리더십과 관련해 제기된 이슈나 개선점에 대해 적극적인 태도와 실행을 통한 실제적 개선을 이루는 것이다. 또한 특별한 문제가 없더라도 더욱 우수한 리더가 되기 위한 노력과 실행에 주력할 필요가 있다.

건강에 대해 관심을 가지고 많은 정보를 탐색하며 이를 생활에서 실천하는 사람은 더욱 건강한 삶을 영위할 수 있다. 또한 혹시라도 문제가 발생할 경우, 빠른 대처를 통해 문제를 해결하거나 예방할 수 있다. 마찬가지로 구성원을 행복하게 만드는 우수하고 지혜로운 리더가 되기 위해서는 그만한 투자와 노력이 필요한 것이다. 리더로 활동하면서 경험하는 다양한 상황과 이슈에 대해 어떻게 대처하는 것이 적절한지에 대해 적극적으로 학습하고 이를 실제로 실천하고자 하는 노력과 실행이 필요한 이유다.

CHAPTER
01 리더에게 자기관리는 생명과도 같다
리더의 자기관리

CHAPTER
02 사람 전문가로서의 리더
리더의 대인관리

CHAPTER
04 변화를 준비하는 리더
리더의 변화관리

『리더는 어떻게 생각하고 행동해야 하는가』
저자 심층 인터뷰

Q 『리더는 어떻게 생각하고 행동해야 하는가』를 소개해주시고, 이 책을
통해 독자들에게 전하고 싶은 메시지가 무엇인지 말씀해주세요.

A 이 책은 간단히 표현해서 '리더들의 고민 해결책'이라고 보시면
될 것 같습니다. 리더로 활동하게 되면 여러가지 이슈들이 발생
하고 고민하게 됩니다. 이와 같은 리더들의 고민에 대해 사람에
대한 학문인 심리학에 기반해 현실적이면서도 최적의 해결책들
을 제시하기 위한 것이라고 볼 수 있습니다. 이를 통해서 궁극적
으로는 리더도 행복하고 구성원도 행복해하는 조직이 되기를 바
라는 마음에 이 책을 쓰게 되었습니다.

제 개인적 경력상 많은 리더들을 만납니다. 그 와중에 나름대로

노력하고 열심히 하는데도 방향을 제대로 잡지 못하거나 개인적 경험에 기초해 문제를 해결하다 보니 오히려 문제를 심화시키는 경우도 많았습니다. 이처럼 정답도 모른 채 어떻게 해야 할지 혼자 고민하고 괴로워하는 일들에 대한 올바른 가이드를 제공해주자는 것이 저의 의도라고 볼 수 있습니다. 즉 사람을 대하는 데 있어서의 핵심적 원리와 효과적인 솔루션들을 제공하는 것이라 하겠습니다. 이를 통해 리더들이 아주 현실적이고 실제적인 도움을 좀 얻었으면 좋겠고, 이것은 곧 부하직원들도 행복하게 만드는 방법이라고 생각합니다.

Q 리더에 대해 다룬 책은 시중에 많습니다. 이 책이 가지는 장점, 즉 기존에 나온 리더 관련 책들과의 가장 큰 차별점이 있다면 무엇인가요?

A 이 책은 '문제해결 중심의 접근'이라고 보시면 됩니다. 즉 리더들이 일상에서 부딪치는 여러가지 리더십 이슈들에 대한 구체적인 해결책이라고 보면 됩니다. 물론 우리가 리더로서 필요한 핵심적인 능력은 무엇인지를 이해하고 학습하는 것도 중요합니다. 하지만 이런 학습과 이해가 실제 현장에서 적용되지 않는다면 무용지물인 것이지요. 예를 들어 리더의 핵심 능력 중 하나가 공감인데, '공감이 무엇이며 어떻게 해야 하는가'에 대한 개념적 접근도 중요하지만, 결국은 부하직원과 대화중에 이것이 실제로 표현되는지가 더욱 중요합니다. 표현되지 않는 공감은 공감으로서의 가치가 없는 것이죠.

여기에 나온 주제들은 모두 리더들과의 대화 속에서 나온 이야기들입니다. 그것에 대한 답변과 효과적인 솔루션들을 정리한 것이라 볼 수 있습니다. 따라서 리더십의 개념적 접근이 아니라 실제적인 행동적 측면에서의 리더십을 다루어보고자 했으며, 어렵고 딱딱한 리더십이 아니라 말하는 습관의 변화와 구체적인 표현들 중심의 연습들을 다루고자 했습니다. 이런 실질적인 리더십 스킬의 개선에 도움되는 책이라고 볼 수 있습니다.

Q 조직에서 가장 중요한 사람 혹은 투자 대상자는 리더라고 하셨습니다. 조직이 요구하는, 리더에게 가장 필요한 능력은 무엇인가요?

A 리더에게 가장 필요한 핵심적 능력은 사람에 대한 이해와 관리 능력입니다. 물론 업무적 측면과 사람관리라는 2가지 능력이 필요하겠지요. 하지만 업무적 측면은 리더가 아니어도 필요한 것이며, 또 이미 오랜 기간 동안 개발해왔고 어떻게 향상시킬 수 있는지가 비교적 분명합니다. 그에 반해 사람관리 능력이라는 것은 리더가 되면서 그 필요성이 급격히 증가하는 것이며, 그 개념도 모호하고 어떻게 해야 하는지도 생각보다 쉽지 않습니다. 게다가 상황이나 대상자에 따라서 정답이 다 다르게 되기도 하지요. 그래서 상대적으로 사람관리 능력이 향상되기는 훨씬 더 어렵습니다.

Q 리더가 조직에서 가장 중요한 것은 알지만 정작 리더들에 대한 적절한 돌봄과 육성, 충분한 지원이 부족하다고 하셨습니다. 자세한 설명 부탁드립니다.

A 리더들은 일도 많고, 스트레스도 많고, 고민도 많습니다. 그래서 당연히 리더들이 심리적 에너지를 더욱 많이 사용하고 쉽게 지

칠 수밖에 없죠. 그런데 이렇게 지치고 힘든 리더들에게 충분한 마음의 휴식과 보약을 제공하는지, 아니면 고민과 상처에 대해서 치료해주는지를 생각하면 별로 그렇지 못한 것 같습니다.

물론 정기적인 리더십 교육이나 코칭을 제공하기도 합니다만 그것마저도 제공하지 않거나 혹은 제공한다고 하더라도 그 정도와 수준이 충분치 않은 경우들이 많습니다. 좀더 상시적이고 적극적인 리더의 마음관리가 필요하다고 하겠습니다. 고민이 있을 때 쉽게 접근해서 상의할 수 있는 지원그룹을 만들어주거나, 아니면 그들이 사용할 수 있는 여러 가지 지원 시스템 등이 보완되어야 합니다. 요즘 많이들 적용하는 사내 상담실처럼 리더들을 위한 고민상담소를 만든다든가, 아니면 리더가 필요한 경우 리더와 부하 직원들이 같이 참여하는 다양한 조직 활성화나 문제해결 프로그램들을 제공해주면 도움이 될 겁니다.

Q 원리나 지식 중심의 리더십 교육, 즉 소위 '지식 리더십 교육'으로는 리더의 고충들을 해결하기엔 역부족이라고 하셨습니다. 그렇다면 어떤 리더십 교육이어야 하나요?

A 우리가 어떤 행동을 보이는 데에는 2가지 단계가 있습니다. 첫 번째는 머리로 아는 것이며, 두 번째는 실행하는 것입니다. 선생님은 학생에 대한 정확한 이해와 교육 내용에 대한 해박한 지식이 우선 필요합니다. 하지만 이를 적절히 전달하고 교수하는 방법이 미숙하다면 좋은 선생님이 되기 어렵겠지요. 마찬가지로 리더들도 사람에 대한 이해와 리더십 스킬에 대한 지식적인 측면이 선행되어야 합니다. 하지만 이런 지식이나 스킬이 현장에서 발휘되

고 적용되지 않는다면 아무런 소용과 효과가 없습니다.

따라서 리더십 교육이라는 것도 복잡한 개념이나 리더십의 구성 요소에 대한 교육을 넘어서서 구체적이고 실행적인 행동중심적 교육이 이루어져야 합니다. 즉 공감에 대한 교육이 아니라 공감 하는 구체적인 방법과 공감한 바를 정확하게 말로 표현하고 전 달하는 것에 집중하는 리더십 교육이 필요합니다. 이런 구체적 이고 실행적 측면에 대한 교육을 통해 '내 상사가 뭔가 변한 것 같다!'라는 느낌을 부하직원들이 받을 수 있는 현실적 변화가 필 요합니다.

Q '사람 전문가'로서의 능력과 역할이 리더에게 필수라고 하셨습니다. 리 더가 '사람 전문가'가 되기 위해서는 어떤 과정을 거쳐야 하나요?

A 사람 전문가가 되기 위해서는 첫째, 사람에 대한 이해, 둘째, 사람 의 행동 원리에 대한 이해, 셋째, 사람에게 영향력을 행사하는 기 술 등이 필요합니다.

첫 번째로 사람에 대한 이해는 얼마나 다양한 사람들이 존재하고 그들은 어떻게 다른지를 이해하는 '다름의 심리학'이 우선 필요 합니다. 사람들은 나와 다르게 생각하고 행동하는데, 그것에 대한 이해와 학습이 우선 필요합니다.

두 번째로 사람 행동의 원리는 사람이 어떻게 감정을 느끼고 생 각하며 어떻게 행동하는지에 대한 이해와 학습입니다. 사람들 간 의 관계 중 어떤 과정을 통해서 화가 나는지, 혹은 내적인 열정을 가지게 되는지, 그리고 갈등을 푸는 과정은 어떻게 되는지에 대 한 이해 등이 그에 해당하겠지요.

이런 과정에 대한 이해가 이루어진 후에는 세 번째로 이를 실행하는 스킬과 노하우에 대한 이해와 학습이 필요합니다. 어떤 문제에 대해 원인과 과정에 대해 이해하는 데서 그치는 것이 아니라 그것을 실제로 해결하는 것이 최종 단계이듯이, 사람에게 적절한 영향력을 행사해서 궁극적으로는 부하직원들의 행동을 개선하고 변화시키는 스킬이 필요합니다.

Q 사람관리에 서툰 리더들은 흔히 어떤 특징들을 가지고 있나요? 그리고 그들은 조직에 어떤 부정적인 영향을 끼치나요?

A 사람관리에 서툰 리더들은 본인도 힘들고 다른 사람도 힘들게 합니다. 그래서 조직 전체의 열정을 식게 하고, 갈등이나 문제를 키우죠. 그런데 더 큰 문제는 본인이 그것을 인지하지 못한다는 것입니다. 본인의 마음이 힘든지 안 힘든지에 대해서도 잘 모르고, 타인들이 왜 나 때문에 힘든지도 공감하지 못하죠. 그래서 문제가 해결이 안되는 것입니다. 쉽게 말해 본인도 힘들고 스트레스를 받아 마음의 상처가 계속 나고 쌓여가는데, 이걸 인식하지 못하면서 다른 사람에게도 스트레스를 주고 마음의 상처를 주게 됩니다.

당연히 그런 리더들과는 일하고 싶지 않겠죠. 그래서 유독 내 아래 부하직원들의 퇴사가 많고 조직 만족도가 떨어지는데, 리더는 그 이유를 이해하지 못하거나, 아니면 무능한 부하 탓으로 돌려 조직 전체의 활력이 더욱 떨어지게 합니다. 이런 악순환이 계속 반복된다면 결국에는 리더와 부하 모두 상처와 마음의 병이 깊어집니다. 그런 상태로 어떻게 좋은 성과가 나겠습니까? 이렇듯 사람관리가 서툰 리더가 이끄는 조직은 활성화가 되지 않으며, 구성원의 행복과 만족감이 떨어집니다. 다른 말로 구성원이 침체되고, 스트레스와 불만족이 증가하고, 일에 대한 몰입이나 집중력이 떨어지는 부작용이 생깁니다.

Q '이 나이에 내가 변화하겠어?' '성격이라는 게 어디 쉽게 변하나?' 등으로 변화를 거부하는 리더들이 많습니다. 리더가 이러한 심리적 저항감을 줄이려면 어떻게 해야 하나요?

A 변화를 거부하면 그냥 소위 '꼰대'가 되면 됩니다. '꼰대'가 되는 제일 쉬운 방법은 남의 얘기를 듣지 않고, 변화하려 하지 않으면서 자신이 옳다고 생각하는 대로만 행동하는 것입니다. 다들 이런 '꼰대'가 되고 싶지는 않아 합니다. 즉 변화라는 것을 너무 부담스럽거나 어렵게 생각하지 않는 것이 중요합니다. 건강을 위해 산책 시간을 조금 늘리거나 낮은 층수는 계단을 이용하는 것부터 시작하는 것처럼, 성격의 변화에 대해서도 작은 습관들의 변화라고 생각하는 것이 좋습니다.

동시에 변화에 대한 효과를 관찰하는 능력이 필요합니다. 내가 말 표현을 조금 바꾸었을 때, 부하직원들의 반응을 정확하고 민감하게 모니터링하는 것이 변화를 촉진할 수 있습니다. 내 한마디에 부하직원들이 좀더 편안함을 느끼거나 좀더 지지를 받는 것처럼 느낀다면, 그런 변화가 좋은 것이라는 것을 확인할 수 있습니다. 그렇게 된다면 좀더 쉽게 변화할 수 있겠지요. 산책 시간을 조금 늘렸더니 몸이 좀더 상쾌해지는 것을 느끼게 된다면, 산책 시간 늘리기가 안정적 습관이 될 가능성이 높고, 다른 노력도 시도해보게 됩니다. 변화에 대한 부담감을 줄이고, 작은 변화에 따른 작은 변화를 확인하는 것이 필요합니다.

Q 리더들이 보다 우수한 리더로서 성장하고 발전할 수 있는 방법은 무엇일까요? 그 원리와 과정을 알려주시기 바랍니다.

A 우수한 리더로서의 성장은 장기간의 과정입니다. 너무 조급하거나 부담스럽게 생각하지 말고 느긋하고 여유있는 마음으로 현재의 조직관리에 집중하시기 바랍니다. 지금 나의 부하직원들과 내가 관리하는 조직이 나의 교과서이며 참고서입니다. 그들을 관찰하면서 어떻게 하는 것이 조금이라도 그들과 내가 서로 이득이 되고 행복해질 것인가를 생각하고 노력하는 것이 정답입니다.
해답도 그들 안에 있습니다. 그들과 소통하면서 내가 어떻게 행동해주기를 원하며 어떤 행동들이 적합한지, 그리고 어떤 행동들을 피해주었으면 좋겠는지를 소통하고 수정하고 보완하는 과정이 바로 우수한 리더로 성장하고 발전하는 과정입니다. 성장과 발전을 위한 배움과 학습은 따로 하고, 다음 팀을 맡으면 그 때부터 변화하는 것은 없습니다. 지금 당장, 나의 구성원에게 작은 노력을 적용해보는 것이 장기적 성장과 발전을 위한 첫 단추를 끼는 것이라고 생각하십시오.

Q 오늘도 맘고생으로 지친 하루를 보냈을 리더들에게 한마디 해주신다면 어떤 말씀을 해주고 싶으신가요?

A "오늘도 수고했습니다! 오늘도 잘했습니다!"라고 어깨 토닥여주며 말해주는 것이 필요하겠지요. 그리고 이런 인정과 칭찬을 남

들이 해주는 것도 좋지만, 리더 본인이 본인 스스로에 대해서 칭찬하고 인정하는 연습과 습관이 필요합니다.

이미 리더가 된 것만으로도 충분히 인정을 받은 것이라고 생각하시기 바랍니다. 그리고 오늘 하루는 다소 미흡할 수 있지만 미흡했다고 생각하고 어떻게 하면 더 나아질까라고 생각하는 것만으로도 칭찬거리가 됩니다. 왜냐하면 이런 고민들이 모여서 더 좋은 리더가 되는 과정이기 때문입니다. 오늘 하루를 열심히 일하고, 노력한 것만으로도 충분합니다. "오늘도 수고하셨습니다! 오늘도 잘하셨습니다!"

1. 네이버 검색창 옆의 카메라 모양 아이콘을 누르세요.
2. 스마트렌즈를 통해 이 QR코드를 스캔하면 됩니다.
3. 팝업창을 누르면 이 책의 소개 동영상이 나옵니다.

조직이 요구하는, 리더에게 가장 필요한 핵심적 능력은

사람에 대한 이해와 사람관리 능력입니다.

사람관리 능력은 리더가 되면서 그 필요성이 급격히 증가합니다.

자기관리란 자신의 개인적 및 업무적 특성과 장단점을 파악해 업무적 효율성을
극대화함과 동시에 개인적 삶에서의 만족감을 높이는 것으로, 다양한 삶의 이슈
및 장애물을 극복함과 더불어 단계적이고 체계적인 자기계발을 통해 궁극적인
자기성장과 자아실현을 이루어내는 능력을 지칭한다.
리더는 본인에 대한 적극적인 자기관리를 통해 스스로 최적의 상태를 유지함과
동시에 구성원들의 자기관리 수준을 감찰하고 모니터링함으로써 그들이 최적의
상태로 업무에 몰입할 수 있도록 지원할 수 있어야 한다.

리더에게 자기관리는
생명과도 같다
리더의 자기관리

성공하고 싶은 사람들은 습관이 가진 위대한 힘의 진가를 알아야 하며

습관을 만드는 것은 훈련임을 이해해야 한다.

원하는 성공을 이루는 데 필요한 습관을 훈련해야 한다.

– 존 폴 게티(미국의 기업인) –

리더가 된 후 부쩍
스트레스가 많아졌어요

리더의 스트레스관리

리더는 업무 및 대인관계의 양이 현저하게 증가할 뿐 아니라 질
적인 측면에서도 많은 변화가 있다. 즉 업무나 대인관계의 난이
도가 높아지고, 이전에 경험해보지 못한 새로운 과제들에 직면하
게 된다.

이와 같은 업무상 양적 및 질적 변화로 인해 내적 스트레스가 급
격히 증가하게 된다. 따라서 리더는 스트레스의 증가를 예상하고,
그에 따른 철저한 스트레스관리 및 안정적이고 긍정적인 심리적 상
태를 유지해야 한다.

솔루션1 _ 리더가 된 후의
스트레스를 정확히 예상하라

'지피지기면 백전백승'이라는 말처럼 스트레스관리의 첫 단계는
스트레스에 대한 정확한 예상이다. 어떤 종류의 스트레스가 증가
하고 있고, 어떤 스트레스들을 새롭게 경험하게 되는지를 파악하
고 예상해야 한다. 이와 같은 정확한 예상이 이루어져야 이를 적극
적으로 관리하고 해결할 수 있다.

업무상으로는 업무의 난이도 증가와 양적 팽창이 발생하게 되
며, 대인관계상 함께 일하는 사람들과의 관계의 수준과 질이 달라
지게 된다. 흔히 이전에는 동료였던 사람들이었으나 팀장이나 임
원이 되는 순간 애매하거나 서먹해지는 관계가 되기도 하며, 편하
고 친근하게 지냈던 사람들도 괜히 직급 때문에 어렵게 대하는 경
우들이 많다.

이와 같이 업무나 대인관계상에서 변화가 발생하기 때문에 그
에 따른 스트레스나 변화가 필요한 부분들을 정확하게 선정하고
예상해야 한다. 이런 예상을 통해 최적의 대비와 효과적인 해결책
을 준비할 수 있다. 이를 예상치 못하면 결국 스트레스에 압도될
수밖에 없다. 스트레스를 이기는 첫 단계가 바로 예측하고 대비하
는 것이다.

솔루션 2 _ 자신만의 적극적인
스트레스 해결방법들을 준비하라

만약 "당신의 스트레스 해결방법은 무엇입니까?"라는 질문에 대해 곧바로 5가지 이상의 스트레스 해소 방법을 자연스럽게 말할 수 있는가? 이 질문에 대해 "No"라면 당신은 보다 적극적인 스트레스 관리 및 해결방법을 준비해야만 한다. 물론 전형적인 스트레스 해소 및 관리 방법들이 있다. 하지만 이와 같은 일반적 방법이 아닌 본인의 특성과 성향을 고려한, 자신만의 스트레스관리/해결방법을 알고 있어야 한다.

예를 들어 외향적 성격의 리더의 경우에는 많은 사람들과 어울리는 유쾌하고 활기찬 상황에서 스트레스가 해소되는 반면, 내향적 성격의 리더는 조용하고 자신만의 시간 속에서 생각을 정리하는 것이 스트레스 해소에 도움이 된다.

또한 시간이나 에너지 소모가 많은 스트레스 해소방법(여행이나 영화보기 등)과 더불어 생활 속에서 간단하게 스트레스를 해소할 수 있는 방법들(가벼운 산책, 유머나 재미있는 동영상을 보기 등)을 균형 있게 갖추고 있는 것이 효과적이다. 즉 일반적인 것이 아닌 '나에게 적합한', 그리고 '나에게 효과적인' 다양한 스트레스 해결 및 관리 방법들을 준비해야 한다.

솔루션 3 _ 스트레스에 대한
민감성과 빠른 해결이 필요하다

만약 초등학교 2학년인 자녀가 놀이터에 다녀왔는데, 팔에 큰 상처가 나서 피를 흘리면서 들어온다면 당신은 어떻게 하겠는가? 아마도 부모들은 깜짝 놀라서 다치게 된 이유를 물으면서 치료를 하느라고 한바탕 호들갑을 떨 것이다.

이와 같이 외적으로 보이는 신체적인 상처에 대해서는 당연히 신속한 치료를 해야 한다는 것을 알고 있으나 마음의 상처에 대해서도 신속한 사태 파악 및 치료가 필요하다는 생각을 미처 하지 못한다. 만약 '회사를 그만둘까?'라는 생각을 할 정도로 스트레스가 극심했다면, 이는 이미 상당한 마음의 상처가 있다는 것을 의미한다.

신체적인 상처를 치료하지 않으면 상처가 덧나거나 흉터가 생기듯이 마음의 문제도 마찬가지다. 스트레스가 심하면 마음에도 흉터가 생기고 덧날 수 있다. 그 결과는 업무 효율성이나 동기 저하, 그리고 심한 경우에는 퇴사나 이직 등으로 나타난다. 단지 마음의 상처는 눈에 보이지 않을 뿐이지 상처가 없는 것은 아니다.

리더는 항상 자신의 심리적 상태 및 스트레스 수준에 대해 민감하게 파악하려는 마음가짐이 필요하다. 특히 스트레스 등으로 인해 자신의 기분 상태가 부정적인 상태라면 즉각적인 해결이나 혹은 적극적인 개선 노력이 필요하다는 생각을 해야 한다. 동시에 자신의 심리적 '-'상태를 '+'로 만들고자 하는 적극적 해결과 개선책이 필요하다.

|

행복한 리더가 행복한 조직을 만든다! 최근 'Great Workplace'나 혹은 감성 리더십이라는 말로 리더들에게 '부하 직원을 행복하게 일하도록 만들어라!'라고 부담을 주는 경우를 흔히 보게 된다. 만약 '한 집안의 가장이 진정으로 행복하지 않고 스트레스에 푹 빠져 있는데, 과연 그 가족 구성원들이 진심으로 행복할 수 있을까?' 생각해보자. 그 대답은 'No'일 것이다.

마찬가지로 리더 스스로가 자신의 스트레스를 인지하고 이를 극복해 스스로의 만족과 행복을 느낄 수 있을 때 자연스럽게 행복 바이러스와 즐거움이 조직 전체에 확산될 것이다. 이런 이유로 리더가 행복해야 하는 것이며, 이를 위해서 자신의 스트레스를 효과적으로 관리해야만 하는 것이다.

예측 가능성과
이에 따른 스트레스의 강도

쥐를 두 실험 집단으로 구분해, 실험 상자에 나누어 넣고 전기 충격을 가하는 실험을 진행했다. 두 집단 모두 하루에 동일한 시간 동안 그리고 동일한 횟수의 전기 충격을 주었다. 첫째 집단은 부여된 시간 내에 규칙적으로 전기충격을 주었으나 두 번째 집단은 불규칙하게 전기충격을 주었다. 즉 두 집단 모두에게 동일한 시간 동안 동일 횟수의 전기충격을 주었으나, 한 집단은 일단 적응이 되면 전기충격을 예상할 수 있게 했지만 다른 집단은 언제 전기충격이 올지에 대해 예상하기 어려운 상황을 만들어 준 것이다.

　동일 실험을 일주일간 반복한 후 결과는 어떻게 되었을까? 규칙적으로 전기충격을 주어 어느 정도 이를 예상하는 것이 가능했던 집단의 쥐보다, 불규칙하게 전기충격을 주어 예상이 어려웠던 쥐들에게서 위궤양 같은 스트레스 반응이 더욱 뚜렷하게 나타났다. 전기 자극과 같은 스트레스를 예측한 집단보다 언제 스트레스가 발생할지 예측하기 어려워 항상 긴장하고 있어야 하는 집단에서 스트레스를 더욱 크게 경험한 것이다. 이와 같이 스트레스는 예측을 하는 경우 그 부정적 효과를 감소시킬 수 있는 것이다.

이와 같은 예측 가능성을 활용한 것이 전방의 도로 상황을 미리 알려주는 교통 정보 시스템이다. 전방의 교통 상황이나 혹은 정체 여부를 미리 알려주는 경우, 운전자들은 정체를 예상할 수 있으며, 정체로부터 경험하는 스트레스 수준이 감소된다. 이는 궁극적으로 운전자들의 스트레스를 감소시켜서 전반적인 안전운행을 유도하고 사고를 줄일 수 있는 것이다.

즉 리더는 본인의 스트레스를 정확하게 예상함으로써 스트레스를 주관적으로 덜 지각하고 적극적으로 대처해 관리할 수 있을 것이다. 또한 구성원들이 경험하는 주요 스트레스 원인을 알고 있는 경우 그들의 스트레스를 감소시켜주거나 관리가 가능하다. 이와 같은 적극적인 스트레스관리는 리더와 구성원의 업무적 만족을 증가시켜주고, 궁극적으로는 성과를 향상시키는 데 기여할 것이다.

리더가 되니 업무가 너무 많아요, 어떻게 관리하면 좋을까요?

리더의 시간관리 및 업무 조직화

리더가 된 후 가장 먼저 느끼는 어려움은 업무량의 증가다. 절대적으로 업무의 양이 많아질 뿐 아니라 업무의 질도 달라지기 때문에 이전 방식으로는 효과적으로 리더의 역할을 감당하기 어렵다.

이전에는 의사결정된 내용에 대해 정확하게 실행하는 것이 주요 역할이었다면, 리더는 본인이 직접 의사결정을 해야 하는 경우들이 많아지게 된다. 또한 본인 스스로 책임을 지고 감당해야 할 일들이 많아지기 때문에 업무 수행과 관련된 심리적 부담감도 커지게 된다. 이와 같은 업무 양의 증가와 업무의 질적 변화들로 인해 철저한 시간관리나 업무 조직화가 필요하다.

솔루션 1 _ 업무 리스트를
항상 기록하고 관리하라

업무가 증가하는 경우 가장 먼저 할 일은 업무 리스트를 정리하는
것이다. 리더의 업무는 2가지로 나누어볼 수 있는데, 본인이 직접
수행해야 하는 업무와 부하직원이 수행하지만 본인이 관리해야 하
는 업무로 나눌 수 있다. 이 2가지 모두를 항상 관리하고 모니터링
해야 하는데, 이를 항상 머리 속에 기억하고 관리하는 것은 어렵다.

　따라서 이를 효과적으로 관리할 수 있도록 리더는 업무 리스트
를 관리해야 한다. 즉 업무 리스트와 더불어 그에 대한 담당자 혹
은 같이 수행하는 사람 등을 기재해 체계적으로 관리하는 것이 필
수적이다.

솔루션 2 _ 선택과 집중의
지혜가 반드시 필요하다

업무 리스트가 정리된다고 해서 그 모든 업무를 한꺼번에 다 처리
할 수는 없는 법이다. 따라서 업무의 특성과 종류에 따라 구분해 집
중해야 하는 업무를 선정하고 이에 에너지를 집중하는, '선택과 집
중의 지혜'가 필요하다.

그럼 어떤 업무에 집중해야 하는가? 리더가 집중해야 하는 업무를 선택하는 기준은 중요한 업무와 시급한 업무로 구분하는 것이다. 즉 리더는 중요하면서도 시급한 업무에 자신의 에너지 중 50% 이상을 집중해야 하며, 나머지 업무에 대해서는 순차적으로 에너지를 분배하는 것이 필요하다.

솔루션 3 _ 적절한 권한 위임을 적극적으로 활용하라

구성원의 경우 실무 전문가로서 자신에게 부여된 업무를 모두 직접 수행한다. 하지만 리더는 모든 업무를 본인이 직접 수행할 수는 없으며, 업무를 분배하고 나누어주는 권한 위임을 적극 활용해야만 한다. 업무 리스트를 정리한 후, 권한 위임이 가능한 업무와 직접 수행해야 하는 업무들을 구분해야 한다.

권한 위임이 가능한 업무에 대해서는 적임자에게 넘기고 이를 모니터링하고 관리하는 수준만 개입함으로써 직접적으로 투여되는 에너지를 줄일 수 있다. 이와 같은 위임을 통해 리더 본인의 업무에 활용할 수 있는 에너지를 확보함과 동시에 부하직원들에게는 업무를 통한 성장기회를 부여하는 2마리 토끼를 동시에 잡을 수 있게 된다.

가끔 본인이 모든 것을 다 확인하고 점검하고 직접 실행을 해야 만족하는 리더들을 보게 된다. 이들은 항상 심리적으로 여유가 없으며 엄청난 스트레스 속에 산다. 이와 같은 부정적 감정들은 내적인 긴장감과 불안감을 높이게 되며 결과적으로는 타인의 수행에 대한 불신을 가지게 된다.

따라서 본인이 더욱 직접 개입하고 수행하고자 하는 악순환이 반복된다. 이 과정에서 구성원들은 리더가 자신들을 신뢰하지 못한다고 느끼게 되며, 리더는 리더대로 구성원들의 무능함을 탓하고 자신의 불행함을 호소한다. 이로 인해 리더는 본연의 리더로서의 활동을 할 에너지가 부족하게 되며, 구성원들도 만족하지 못하게 된다.

리더는 본인뿐 아니라 조직 전체의 업무를 총괄하는 사람이다. 조직 전체의 업무를 총괄하고 운영하기 위해서는 거시적 관점과 더불어 구성원에 대한 적절한 분배와 위임을 하는 것이 필수적이다. 이와 같은 분배와 통합이 제대로 이루어질 때 팀은 가장 효율적으로 돌아간다. 이를 총괄하는 담당자가 바로 리더인 것이다.

과연 내가 리더로서
자격이 있는지 모르겠습니다

리더의 자신감

기존 리더는 물론 특히 신임관리자의 경우, 스스로 리더로서 자신이 충분한 자격이 있는지, 업무를 잘 수행할 수 있는지, 그리고 수행하게 될 다양한 업무에 대한 걱정과 불안감 등을 경험한다. 리더의 자신감과 유능감이 부족한 경우 리더는 적극적인 업무 수행을 하지 못하게 되며, 결국 주관적 스트레스를 경험함과 동시에 업무 추진력이나 실행력의 저하, 그리고 효율성 부족 등을 경험하게 된다.

이와 같이 리더로서의 자신감은 선택이 아니라 필수다. 자신감은 리더로서의 역할 수행에 직접적으로 영향을 미치는 중요한 내적 요인이므로 적극적인 관리가 필요하다.

솔루션 1 _ 충분한 자격이 있으니
리더가 되었다고 생각하라

본인이 스스로에 대해서 어떻게 생각하든 간에 조직은 다양한 평가와 그동안의 수행 및 업적을 충분히 고려해 당신을 리더로 선발한 것이다. 냉정하고 성과중심적인 조직이 아무나 승진을 시키지도 않을 뿐만 아니라 리더의 자격을 부여하기 전에 충분한 검증을 마쳤을 것이라고 생각하면 된다. 리더로 선발되기 위해서는 그에 상응하는 충분한 업적과 성과가 있었기 때문이며, 심리검사(혹은 역량검사)나 평가센터 등 다양한 방법을 통해 당신의 잠재력을 충분히 검토했을 것이다.

만약 당신이 한 학급의 담임선생님이라고 가정해보자. 누구에게 책임있는 반장의 역할을 맡기겠는가? 또한 당신이 대한민국 축구대표팀 감독이라고 가정해보자. 누구에게 다른 선수들을 독려할 주장의 자리를 맡기겠는가? 마찬가지로 당신이 한 회사의 CEO라고 가정해보자. 누구에게 리더의 역할을 맡기겠는가? 충분히 고민하고 생각한 후 나름대로의 엄격한 기준에 따라 리더를 선발하지 않겠는가?

스스로에 대한 건강한 내성과 반추는 리더로서의 성장과 자기계발에 도움이 되지만 필요 이상의 불필요한 자기고민이나 불안감은 오히려 수행에 역효과를 가져온다는 점을 잊지 말라. 조직은 아무나 리더로 승진시키는 것은 아니다. 당신은 그만한 충분한 자격을 이미 보유하고 있는 것이다!

솔루션 2 _ 부족한 부분만
계발하면 되는 것이다

처음부터 완벽한 리더의 자질을 갖추고 태어나는 사람은 없다. 또한 리더가 되자마자 처음부터 우수한 리더도 없다. 모든 리더들은 나름대로의 취약성을 가지고 있으며, 이와 같은 취약성이 있다고 리더가 될 수 없는 것은 아니다. 취약성은 더 우수한 리더가 되기 위한 계발점을 시사해줄 뿐이다. 즉 모든 리더는 완벽할 수 없으며 개인에 따라 취약성을 가지고 있다.

이는 지속적인 자기계발과 시행착오를 통해서 좀더 완벽한 리더를 향해 성장하는 과정을 감당하면 된다. 연말 성과면담은 모든 리더들에게 부담스러운 과정이다. 특히 성과면담을 처음 하는 리더는 막막하기 이를 데 없다. 고과평가에서 스스로는 S등급이라고 생각하나 B등급을 받은 부하직원을 설득하고 동의를 얻는 과정은 더욱 난제이다.

하지만 이러한 부분은 평가면담 스킬을 학습하면 된다. 그에 더해 본인의 예상보다 낮은 고과를 받은 직원에 대한 특별한 접근 방법을 추가로 학습하면 되는 것이다. 또한 여러 번의 성과면담 과정을 통해 시행착오를 거치면서 비로소 나름대로의 노하우를 터득하게 된다.

리더가 된다는 것은 자신의 부족한 점을 채워가는 끊임없는 노력의 연속이다. 이것은 직급에 상관없이, 그리고 연차에 상관없이 모든 리더들이 가져야 하는 마음가짐이다.

솔루션 3 _ 리더의 자격을 너무 고민해서 얻게 되는 이득이 전혀 없다

당신은 이미 리더가 되었으며, 여러 부하직원들을 책임지고 있고, 한 부서의 담당자로서 역할을 수행하고 있는 상태이다. 이와 같은 상황에서 스스로 리더로서 자신감이 지나치게 낮거나 불안감을 가지는 것은 도움이 되지 않는다. 오히려 자신이 활용할 수 있는 심리적 에너지를 불필요하게 소모하고 리더로서의 활동 자체를 위축시키는 결과를 낳게 된다.

예를 들어 리더가 활용할 수 있는 심리적 에너지는 한정되어 있는 상태에서 본인의 능력에 대한 과도한 고민과 부정적인 생각은 불필요한 에너지 소모를 유발한다. 결과적으로 리더가 실제 리더십 활동에 활용할 수 있는 에너지는 줄어들게 되는 부정적인 결과를 가져오게 된다.

또한 부하직원과의 커뮤니케이션에 대해 지나치게 자신감이 부족한 리더는 부하직원과의 대화시 위축된 태도와 불명확한 소통을 하게 되고, 이로 인해 실제로 비효과적인 커뮤니케이션을 초래하게 된다. 불필요하게 소모되고 전혀 이득이 없는 활동에 심리적 에너지를 투자하기보다는 관련 능력 향상을 위한 자기계발이나 업무에 대한 집중력 향상 등 보다 긍정적인 부분에 집중하는 것이 더 효율적이지 않겠는가?

|

스스로의 수행에 대한 적극적인 감찰 및 반성은 신중하고 조심스러운 행동과 그에 기반한 고품질의 성과를 보일 수 있다는 장점이 있다. 하지만 지나칠 경우에는 스스로에게 필요 이상의 부정적인 감정(스트레스나 위축감 등)뿐만 아니라 소극적인 행동을 초래한다.

이와 같은 소극적 행동이나 위축감은 자신의 강점마저도 충분히 발휘되지 못하게 하는 역기능이 있음을 기억하라. 즉 적절한 자기감찰과 반성 및 그에 기초한 자기계발 노력은 필요하나 자신감과의 적절한 균형을 통해서 사려 깊고 신중하면서도 적극적이고 주도적인 리더로 기능할 수 있는 것이다.

자기충족적 예언과
자신감의 기능

자기충족적 예언(self-fulfilling prophecy)은 세상의 현상이나 혹은 스스로의 행동과 관련해 자신이 믿는대로 이루어진다는 것을 지칭하는 심리학적 용어이다. 스스로에 대한 자신의 기대와 지각은 그에 따른 행동을 낳게 되고, 그 결과 궁극적으로 자신이 기대하는 자신의 모습이 이루어질 가능성이 높아지는 것이다.

스스로 대인관계에 자신감을 가지는 사람은 새로운 사람이나 낯선 사람을 만나야 하는 상황에서 불안감을 덜 경험하고 적극성을 보인다. 따라서 실제 관계상에서도 적절하거나 긍정적인 관계를 형성하게 될 가능성이 높아지게 된다. 반면에 대인관계에 자신감이 없는 사람은 사람들을 대할 때 긴장감이 높아질 뿐 아니라 위축된 행동을 보일 가능성이 높다. 따라서 실제 관계상에서도 부정적 인상을 주거나 혹은 주도적으로 관계를 이끌어가지 못할 가능성이 높아진다.

올림픽의 결승전에서 마지막 화살을 남겨놓은 궁사가 충분한 자신감을 가지고 '나는 할 수 있다'고 생각할 때 심리적 안정감을 가지고 상황적인 불안을 이겨내 좋은 성과를 낼 수 있다. 반면에 자신감이 부족한 궁사는 '실패할 것에 대한 두려움과 긴장'을 과도하게 경험하게 되고, 이로 인해서 실제로 낮은 수행을 보이게 될 가능성이 높아지는 것이다.

　리더로서 적절한 자신감은 안정적이고 긍정적인 행동을 보이는 근원이 되며, 이와 같은 안정성과 긍정 마인드는 타인에게도 긍정적인 인상과 영향을 미치게 되어 결과적으로 우수한 리더로서의 수행을 보이게 된다. 반면에 위축되고 자신감이 부족한 리더는 팀이나 구성원을 적극적으로 리드하지 못하고 위축되게 되어 적절한 영향력 행사를 하지 못하게 되는 것이다. 적절한 자신감과 건강한 수준의 문제의식 간의 균형이 필요하다.

자기계발서를 읽는 것이
도움이 되나요?

효과적인 리더의 자기계발 방법

최근 서점에 가보면 온갖 종류의 자기계발서들이 넘쳐난다. 리더로
서 혹은 한 개인으로서, 바람직하고 건강하게 사는 방법들이 다양
한 제목으로 제공되고 있다.

이와 같은 자기계발서가 과연 '자기성장에 얼마나 도움이 될까?'
라는 의구심을 한두 번씩은 가져 보았을 것이다. 과연 수많은 자기
계발서가 리더에게 진짜 도움이 될 것인가? 혹은 내 리더십 향상에
기여를 할 수 있을까?

솔루션 1 _ 너무 많은
자기계발서를 읽지 마라

너무 많은 자기계발서를 읽는 것은 리더십 향상에 도움되지 않고 오히려 방해가 될 수도 있다. 자기계발서는 원론적이고 이상적인 이야기를 하는 것이며, 나의 특성이나 내가 처한 상황을 충분히 반영해 기술된 것이 아니다. 이로 인해서 자기계발서는 지식 리더십(원론적이며 개념적 수준에서의 당위성과 관련된 리더십 지식)만을 향상시킬 뿐 실행 리더십(구성원과의 실제적인 상호작용에 적용할 수 있는 구체적 스킬) 향상에는 도움이 되지 못하기도 한다.

리더들은 자기계발서를 많이 읽으면서 나는 훌륭한 리더가 되기 위해 많은 노력을 했다는 심리적 위안과 만족감을 가지면서 스스로 만족하기도 한다. 하지만 스스로의 만족에 그친다면, 아무런 가치가 없는 것이다.

원론적인 기술들을 읽을수록 필요 이상의 이상적인 리더의 역할에 대한 기대를 가지게 되며, 그에 미치지 못하는 스스로에 대한 필요 없는 자책과 반성만을 초래할 수도 있다. 이와 같은 개념적인 리더십 향상이 필요한 것이 아니다. 구체적이고 실제적인 행동변화가 더욱 중요하다.

솔루션 2 _ 본인에게 필요한
자기계발 영역을 선정하라

사람은 모두 완벽할 수 없으며, 리더로서 자기계발이 필요한 영역이 있다. 자신의 리더십 특징에 대한 객관적인 분석에 기초해 개선점과 계발 영역을 선정하고, 이에 필요한 자기계발서를 읽는 것은 도움이 된다. 원론적이고 일반적인 자기계발서를 두루 섭렵하기보다는 본인에게 필요하고 필수적인 자기계발 영역을 선정하고 그에 적합한 자기계발서를 선택해 집중적이고 초점을 두어 읽는 것이 효과적이다.

만약 직원들을 더 잘 이해하고 소통하기 위해서는 『다름의 심리학(노주선 저)』등과 같은 책을 통해 다양한 성격 유형을 이해하는 것이 효과적이다. 또한 직원들과의 소통 방법을 개선할 필요가 있다면 『관계의 99%는 소통이다(이현주 저)』등과 같은 책을 통해서 구체적 노하우를 배우는 것이 도움이 될 수 있다.

또한 부서 내의 성과가 저조한 사람에 대한 효과적인 관리를 위해서는 C-Player Management에 관해 기술한 『인재귀환 프로젝트(윤혜신 저)』등과 같은 책이 유용하다. 즉 자기계발에는 뚜렷한 편식이 필요한 것이다.

솔루션 3 _ 백독이불여일행(百讀而不如一行),
실천이 제일 중요하다

우리가 적절한 운동이나 균형적 식단, 그리고 해가 되는 음식을 피하기 등 신체적 건강을 유지하는 방법을 몰라서 안 하는 것이 아니다. 알고 있는 것을 적절하게 혹은 정확하게 실천하지 않기 때문에 신체적 문제가 발생하는 것이다.

마찬가지로 이상적 리더십의 원칙과 지식을 인지적으로 학습하기보다는, 학습한 원리를 실제 리더십 상황에서 한 가지라도 실천하는 습관을 들이는 것이 더욱 중요하다. 전략적 사고가 부족한 사람의 경우에는 자신에게 부여된 과제를 수행하면서 조직 목표와의 연계성을 좀더 생각해보거나 향후 3년 후 결과를 예측하는 연습을 하라.

소통이 필요한 리더는 당장 직원들을 외향형 성격과 내향형 성격으로 구분하고, 미팅이나 코칭시 이를 관찰하고 준비한 대안을 시도해보는 것이 필요하다. 하루에 딱 한 가지씩, 그리고 한번씩만 연습해보라! 일년 후면 당신은 매우 다른 리더가 되어 있을 것이다.

|

리더십 교육을 하다 보면, 많은 리더들이 코칭의 필요성이나 구체적인 방법들, 그리고 개념적 수준에서의 코칭 단계들에 대해서

이미 다 알고 있는 경우들을 흔하게 본다. 하지만 이들에 대한 다면평가 결과상에서는 커뮤니케이션상의 문제를 지적하거나 혹은 코칭 부족을 지적 받는 경우들이 자주 발생하게 된다.

이처럼 분명히 머리로는 알고 있음에도 불구하고 실제 상황에서는 그 능력이 발휘되지 않는 이유는 무엇일까? 우리가 지식을 배우고 학습하는 것에만 집중하고 실천과 적용에 소홀하기 때문이다. 즉 우리의 리더들이 리더십 교육을 통해 주요 리더십 스킬이나 노하우를 머리로 학습하고 공부하기보다는(지식 리더십), 학습한 내용을 부하직원에게나 혹은 리더로서의 활동에 직접 적용해봄으로써 진정한 나의 것으로 만드는 작업(실행 리더십)에 집중하는 것이 필요하다.

리더가 되니 외롭고 힘드네요, 이를 어떻게 해소하죠?

리더의 자기감정관리

리더가 되고 나면 가장 먼저 느끼는 감정이 '외롭다'는 생각이다. 이전에는 친하게 지냈던 사람들과도 직급이 달라지면서 애매한 관계가 되기 십상이며, 예전에는 편하게 대했던 사람들도 괜히 어색해지기 일쑤이다. 리더가 되고 난 후 나름대로의 고충이나 어려움을 털어놓고 싶으나 마땅한 사람들도 없을 뿐 아니라 편하게 이야기를 나누던 사람들도 "승진해서 배부른 소리하고 있네"라고 타박주기 일쑤이다.

또한 리더로서의 고민거리를 전혀 내용이나 맥락을 모르는 사람에게 묻기도 애매하고, 아는 사람들의 경우에는 이해관계 때문에 솔직히 말하기도 어려운 진퇴양난의 위치에 처하게 된다. 왠지 혼자인 것 같고 고립된 것 같은 느낌의 상황에 대한 대처방법은 무엇일까?

솔루션 1 _ 위로 올라갈수록
치열한 경쟁의 연속이다

조직에서의 승진은 결국 더 치열한 경쟁관계 속으로 뛰어든다는 말과 동일한 의미이다. 경쟁관계라는 것은 인간적 교류나 일반적 관계보다는 이해관계가 얽히게 되며 냉정하고 치열한 성과 중심의 관계라는 말이다. 따라서 외로움을 나누거나 속마음을 털어놓기보다는 더욱 긴장되는 업무 중심적 관계가 되는 것이다.

이런 이유로 리더는 외로운 자리이며, 승진할수록 혹은 위로 올라갈수록 더욱 그 외로움은 커진다. 리더로서의 외로움은 초급 리더보다는 부서장급 리더가 더 많이 느끼며, 임원급 리더가 되면 더욱 처절한 현실이 된다.

이와 같은 외로움 등 내적인 부정적 감정들을 효과적으로 관리하고 해결하지 못하면 결과적으로는 본인의 수행에 부정적인 영향을 끼치게 된다. 외로움을 방치하거나 적극적으로 관리하지 못하면 더 높은 자리에 올라갔을 때에는 더욱 큰 어려움을 겪게 된다. 지금,

그리고 현재 기준으로 자신의 감정을 정확하게 인지하고 적극적으로 관리하는 연습을 시작해야 한다. 리더로서 가장 기본적인 자기 감정관리를 시작하라!

솔루션 2 _ 상사나 선배 등
정신적 멘토를 준비하라

하지만 이와 같은 내적인 부정적 감정을 혼자서 모두 해결하기는 어렵다. 물론 그동안 인생을 살아오면서 나름대로의 스트레스나 외로움을 극복하는 방법을 터득해왔을 것이다. 하지만 리더가 느끼는 외로움과 같은 감정은 그 양이나 질적인 측면에서 이전과는 급이 다르다. 따라서 이를 해결하고 나를 지원할 수 있는 멘토나 조언자를 두는 것이 필요하다. 멘토의 조건으로는 나의 현재 상태를 이해할 수 있는 혹은 이전에 유사한 경험을 가진 상사나 선배가 좋다.

나의 상황을 이야기했을 때 적절한 공감과 이해를 제공하고, 필요시 적절한 조언을 해줄 수 있다면 더욱 좋다. 그런 지인 리스트를 따로 관리하고 있으라. 매우 유용하게 활용될 것이다.

다른 종류의 멘토 그룹은 대인관계나 감정관리에 대한 전문성을 가지고 있는 코치나 상담전문가 등을 멘토로 삼는 방법이다. 최근에는 리더십 코칭이나 혹은 EAP(Employee Assistance Program; 직원지원프로그램, 사내 상담센터 등)를 이용하는 방법이다. 감정관리 전문가들이 리더의 상황이나 감정을 관리해주고, 그들이 부정적인 감정에 휩싸이지 않도록 지원해줌으로써 좀더 몰입과 열정을 가지고 일할 수 있도록 도와줄 것이다.

즉 멘토 선정의 기준은 나의 상황을 정확하게 이해하고 공감해줄 수 있으면서, 현실적이고 효과적인 조언을 제공할 수 있는 사람이다. 리더라면 필요시 이들을 적극적으로 활용할 수 있도록 사전에 준비해놓는 것이 필요하다.

솔루션 3 _ 리더에게 있어
외로움은 동전의 양면이다

리더로서의 외로움은 조직에서의 성공과 연계된 동전의 양면이다. 즉 리더로 승진을 하는 것은 축하받을 일이며 조직에서 나름대로의 성과를 보였다는 증거이다. 이와 같은 성공의 이면에는 더 많은 업무와 더 많은 스트레스를 감당해야 하는 자기관리가 필요한 것이다.

우리가 외로움을 극복하기 위한 방법 중에는 외로움 자체에만 초점을 두고 해결하는 것도 중요하지만 그와 동시에 관련된 긍정적 측면을 통한 스스로의 다짐과 용기를 증진하는 것도 도움이 된다.

세상일이 어디 긍정적인 측면만 있겠는가? 항상 힘든 부분이나 어려움이 동반되는 법이다. 즉 내적인 외로움을 해결함과 동시에 리더가 되는 과정에서의 스스로의 성취와 향후의 발전적 희망을 동시에 가진다면 더욱 효과적으로 자신의 감정을 균형 있게 관리할 수 있다.

|

세상의 모든 일은 양면성이 있다. 부모가 된다는 것은 보기만 해도 흐뭇해지는 나의 분신을 보는 즐거움을 얻는 동시에 중2병에 걸렸을 때의 소위 '복장터짐'을 감당해야만 하는 것이다. 회사에 입사를 하는 것도 나의 직업을 얻고 안정적인 수입을 얻게 되는 것이지만 매일 새벽에 일어나서 밤 늦게까지 야근을 해야 하는 부담도 따라오는 것이다.

리더가 되는 것도 마찬가지다. 얻는 것이 있으면 잃는 것도 있고, 오히려 이전에 비해 극복하고 이겨내야 할 것은 더 많아지는 법이다. 특히 초등학교에 적응하는 것보다는 중학교에 적응하는 것이 더 힘들며, 대학교에서 적응하는 것보다는 직장생활에 적응하는 것이 더욱 힘들다.

하지만 이런 과정과 단계들을 차례로 극복하면서 사람은 성장하는 것이다. 현재의 감정적 어려움이나 과제들은 장기적인 나의 성장과 발전을 위한 과정과 절차다. 이 과정들을 슬기롭게 이겨내는 것이 곧 훈련이고 연습이다.

이런 이유로 다양한 경험이 많아지고 이런 저런 일들을 극복하면서 세상사의 양면성을 느끼고 나면 어떤 일에 부딪치더라도 어느 정도의 평정심을 유지하게 되는 것이다.

대인관리란 업무상 요구되는 다양한 사람들과의 관계를 형성 및 주도하고 관리하는 능력으로서, 타인의 특성이나 성향 이해에 기반을 둔 효과적인 접근과 자신의 요구나 주장을 효율적으로 전달하고 설득하는 능력을 포함한다. 또한 관계상 발생하는 다양한 이슈나 문제를 적극적으로 해결하고 대처하는 것을 지칭한다.

리더는 본인을 중심으로 해 상사와 부하, 그리고 동료나 고객 등 다양한 사람들과의 상호작용에 필요한 대인관리나 커뮤니케이션 스킬이 필요하다. 또한 본인뿐만 아니라 부하직원의 커뮤니케이션과 네트워크 형성과 관리에 대해서도 적절한 조언과 가이드를 제공할 수 있어야 한다.

사람 전문가로서의
리더

리더의 대인관리

"세상에서 가장 어려운 일이 뭔지 아니?"

"흠…. 글쎄요, 돈 버는 일? 밥 먹는 일?"

"세상에서 가장 어려운 일은 사람이 사람의 마음을 얻는 일이란다.

각각의 얼굴만큼 다양한 각양각색의 마음을.

한순간에도 수만 가지의 생각이 떠오르는데

그 바람 같은 마음이 머물게 한다는 건 정말 어려운 거란다."

– 생텍쥐페리, 『어린 왕자』에서 –

인간적인 배려는
어느 정도 해야 하나요?

업무적 차원의 관계관리

리더의 구성원관리는, 리더의 특성 및 역할상 요구와 여러 구성원
들의 특성과 개별적인 요구들이 역동적으로 상호작용하는, 매우 복
잡하고 미묘한 관계다. 특히 리더는 구성원과의 관계 수준과 범위
를 어느 정도 유지하고 관리해야 하는지에 대한 정답이 없기 때문
에 어느 수준이 적절한지, 그리고 사람마다 얼마나 다르게 대해야
되는지를 고민하게 된다.

　그 중에서도 리더의 요구나 기대와는 다르게 반응하거나 행동
하는 구성원에 대한 관리 이슈가 생기면 리더는 더욱 골치 아파지
게 된다. 좋은 마음을 가지고서 인간적으로 대해주었음에도 불구

하고 오히려 이를 역이용하는 구성원에 대한 효과적인 관리 방법은 무엇일까?

솔루션 1 _ 조직 내의 관계에서
인간적으로 대해주지 말라

회사란 곳은 기본적으로 이익집단이며 2차적 관계다. 조직 내의 관계란 그 목적이 인간적인 교류가 아니며, 성과를 창출하기 위한 목적적 관계다. 따라서 직장생활에서의 관계, 특히 리더와 직원 간의 관계는 기본적으로 인간적 교류가 흐르는 편안한 관계가 아니며 조직의 목적을 위해 인위적으로 구성된 것이다. 따라서 직장 내 관계나 혹은 직원과의 관계에서 본인이 기대하고 원하는 만큼 상호적인 인간적 교류가 일어날 것이라고 애시당초 기대하지 않는 것이 좋다.

더욱이 상사는 부하를 편하게 대하고 인간적 관계로 생각하기 쉬우며, 상대에게도 인간적 관계와 교류를 기대하게 된다. 하지만 부하직원들의 경우 상사는 기본적으로 어려운 관계이며, 어떤 경우에도 편하게 대하기 어렵다는 점을 인지해야 한다.

특히 관계상에서 갈등이 생기거나 제멋대로 행동하는 등의 문제가 생기는 경우는 인간적 교류에 대한 기대를 버리고 각자의 역할에 기초해 현실적으로 대응해야만 한다. 인간적으로 대해주면 좋겠지만 그것은 필수가 아니고 선택일 뿐이다.

솔루션 2 _ 인간적 교류는
제한적으로 해야 한다

하지만 하루의 대부분을 직장에서 보내는 것이 현실인데, 이 안에서의 관계들이 모두 목적적인 관계라고 생각하면 너무 삭막하지 않을까? 특히 직장인을 대상으로 한 설문조사에서 직장에서의 만족감을 느끼는 부분이 업무상에서의 인정이 1위이며, 그 다음이 긍정적인 동료관계 및 상사와의 관계 등 인간관계다. 즉 긍정적이고 상호 만족하는 인간관계는 관계의 목적을 떠나서 직장생활에서의 만족감과 행복감을 제공하는 주요 원천이다.

하지만 모든 사람들이 이렇게 생각하는 것이 아니며, 개인의 특성이나 요구에 따라서 개인차가 매우 크다는 점을 인정해야 한다. 이와 같은 점들을 고려할 때, 직장 내에 충분한 정서적 교류나 인간적인 교류를 나눌 수 있는 관계집단은 반드시 필요하고 지속적으로 관리해야 한다. 하지만 모든 사람들과 그럴 수 있을 것이라는 기대를 버려야 한다. 어느 정도의 제한적인 수준 및 제한적 사람들과만 인간적 교류와 관계를 맺으면 된다.

솔루션 3 _ 짝사랑(?)하지 말고
상호적 관계를 구성하라

삭막하기 쉬운 직장 내에서 인간적인 교류와 정을 나누는 관계가 있다는 것은 직장에서 가질 수 있는 나름대로의 즐거움과 위안이 된다. 하지만 그 안에서 인간적인 교류를 기대하고 나누는 사람은 상대적으로 적을 수 있으며, 특히 나의 성격이나 취향 등을 고려할 때 나와 딱 맞는 사람을 찾기는 더 어렵다. 따라서 나와의 인간적 교류를 기대하지 않는 사람에게 인간적 교류를 기대하면서 상처를 받는다거나 혹은 상대가 내 진심을 알아주지 못한다고 서운해할 필요가 없다.

나와 서로 성격도 맞고 취향도 맞으며, 인간적 교류에 대한 기대 수준이나 요구 수준이 맞는 사람과 진지하게 상호적인 교류를 나눈다면 충분히 기대하는 만족과 즐거움을 얻을 수 있다. 주변을 둘러보고 이에 적합한 사람이 누구인지 선택해보라. 주변의 사람들 가운데 10~20% 정도면 충분하다.

지금 당장 핸드폰 연락처를 열고, 서로 인간적인 관계를 공유하고 나눌 수 있는 사람을 골라보라. 그리고 그들과 정겨운 메시지를 나누든가 조만간 만날 약속을 정하라. 그런 상호적 즐거움을 주는 사람과의 교류에 심리적 에너지를 집중하는 것이 바람직하다. 헛된 에너지 낭비를 줄여라.

학교 생활이나 개인적 관계와 같이 뚜렷한 이해관계가 없는 상황과는 달리 직장 내에서는 수많은 이해관계가 얽혀 있을 뿐만 아니라 직급이나 역할 갈등이 내재되어 있다. 따라서 인간적인 교류나 만족을 얻기 힘들며, 실제로 많은 직장인들이 직장 내 관계는 직장 내 관계로 한정 짓는 경우들도 많다. 모든 대인관계는 적합도와 상호작용 측면에서 이해하는 것이 필요하다.

나와 여러 측면이 맞으면서 인간적 교류를 나눌 수 있어 서로 간에 신뢰와 존중을 유지할 수 있는 관계가 직장 내에 있다면 그것은 행운인 것이다. 그리고 이와 같은 행운은 그냥 오지 않는다. 충분한 고려를 통해 대상자를 선정해야 하며, 대상자와의 관계를 유지하기 위해 많은 노력을 기울여야 한다. 행운은 그때 오는 것이다.

구성원의 감성관리,
어떻게 해야 하나요?

구성원에 대한 감성관리 스킬

최근 'Great Workplace'라는 개념이 확산되면서 리더들에게도 행복하고 즐겁게 일하는 조직을 만들기와 관련된 요구들이 늘어나는 추세다. 과중한 업무 및 인력관리와 관련된 부담에 더해 감성관리에 대한 요구까지 더해지면서 리더들은 더욱 스트레스가 증가할 수 있다.

특히 감정관리란 것은 정답이 없으며, 리더의 특성이나 성향에 따라, 그리고 대상자의 요구나 상태에 따라 수없이 많은 방법들이 존재한다. 그렇다면 구성원 감성관리와 관련된 좋은 노하우는 무엇일까?

솔루션 1 _ 감성관리를
어렵게 생각하지 말라

감성관리란 과연 무엇인가? 직원들이 행복하고 즐겁게 일하도록 하거나 혹은 좀더 일에 몰입할 수 있도록 해주는 과정이라고 정의할 수 있다. 간단히 말해 조금이라도 좋은 기분 상태를 만들어주는 과정이다.

만약 기분 범주를 '-5(매우 기분 나쁨) ~ -3 (기분 나쁨) ~ 0(그저 그렇다) ~ +3(기분 좋음) ~ +5 (매우 기분 좋음)'이라고 가정해보자. 기분 평가상 +3인 경우라면 업무에 대한 집중이 높으며 주변 환경과의 교류도 활발할 것이다. 반면에 기분 평가상 -3이라면 업무에 대한 흥미와 동기가 떨어지고 사소한 일에도 짜증이 나게 될 것이다.

감성관리란 이와 같이 업무에 영향을 미치는 정서적 및 심리적 요소들에 대해 평가하고 이를 관리하는 것을 말하는 것이다. 이와 같은 기준에 따라 본인의 지금 기분을 평가해보라. 만약 본인이 +3인 경우와 -3인 경우 아마도 팀 전체에 미치는 영향이 다를 것이며, 만약 리더의 기분이 -3인 경우라면 아마 부하직원들은 이미 당신의 눈치를 보고 있을 것이다.

직원들의 경우도 마찬가지이다. 당신이 -3의 기분인 경우 이를 좀더 완화시키거나 '+'의 기분으로 만들어 주는 것이 중요하듯이 구성원들의 기분을 좀더 긍정적으로 변화시켜주는 것이 감성관리의 기본이다. 즉 쉽게 표현하자면 구성원 감성관리는 기분관리인 것이다.

솔루션 2 _ 다양한 감성관리 팁들을
적극적으로 활용하라

그럼 이와 같은 감성관리를 어떻게 할 것인가? 이에 대한 대답은 "당신은 어떤 경우에 기분이 조금이라도 업(up) 되는가?" 혹은 "당신의 스트레스 해소 방법은 무엇인가?"라는 질문에 대한 대답에서 찾을 수 있다. 특히 예전의 기억을 더듬어본다면, 상사가 나에게 어떤 행동을 했을 때 나는 좀더 일에 대한 열정과 몰입이 증가하고 기분이 업 되었는지를 생각해보면 된다.

감성관리란 대단한 이벤트나 포상 등과 같은 거창한 활동이 아니다. "정말 수고했네! 짧은 시간 동안에 하느라고 많이 고생했어." "이번 아이디어는 정말 좋은데!" "자! 우리 힘들지만 힘내자고! 간단히 커피 한잔 하면서 조금만 쉬었다가 할까?" 등 구성원을 업(up) 시킬 수 있는 사소한 것들만으로도 충분하다. 즉 당신이 상사로부터 들었던 혹은 구성원에게 효과적이었던, 하지만 일견 사소해보였던 지지와 격려 코멘트들을 표현해주는 것에서부터 감성관리는 시작된다.

또한 리더와의 독대나 회의는 항상 긴장을 동반한다. 당신이 고객과 만날 경우 초반의 어색한 분위기를 해결하기 위해 어떤 방법을 사용하는가? 그 방법을 직원들과의 미팅이나 회의에 적용해보라. 좀더 편안한 분위기를 느끼게 될 것이다. 즉 우리는 이미 많은 감성관리 팁들을 알고 있으나 이것의 정확한 기능과 역할을 잘 모르고 있었을 뿐이다. 자신이 가지고 있는 다양한 팁들을 구성원과의 관계에서 적극 활용하라.

솔루션 3 _ 1일 1행을 통해
습관으로 만들라

훈습(working through)이란 어떤 행동이나 습관, 마음가짐을 반복해 연습함으로써 진정한 자기 행동의 일부로 만드는 것을 말한다. 구성원에 대한 감성관리가 안 되는 가장 큰 이유는 습관화가 안되었기 때문이다. 사람은 어느 날 갑자기 바뀌지 않는다. 사소하고 작은 노력들이 모여서 점차로 변화하는 것이다.

구성원 감성관리는 특별히 시간을 내서 해야 하는 거창한 행동이 아니라 평상시 대화와 교류 중 사소한 언행이나 습관을 조금씩 개선하는 것부터 시작해야 한다. 구성원과의 일대일 미팅 전에 '최근 업무 수행 중 칭찬해줄 만한 업적이 있었는가?'를 생각하는 연습을 시작하라. 그 다음 단계는 이를 표현하는 연습을 이어가면 된다. 즉 1일 1행한다는 마음가짐으로 시작하고, 이를 습관화하도록 노력하자.

일주일, 한 달, 혹은 일 년 등 일정 기간 동안 1일 1행이 지속된다면 이와 같은 사소한 리더의 언행 변화가 얼마나 큰 변화를 이끌어내는지 확인할 수 있을 것이다.

|

리더십 향상이나 계발을 너무 어렵거나 거창하게 생각하는 경우가 많다. 특별하고 거창한 결심과 노력이 필요하며, 많은 시간과 투자가 필요하다고 생각하기 때문에 심리적인 부담이 커지는 것이다.

그러나 리더십뿐만 아니라 많은 행동적 변화들은 작은 노력과 실행에서부터 시작되는 것이다. 아침에 밝게 인사하는 습관에서부터 부서의 밝은 분위기가 시작되며, 이전에 비해서 좀더 구체적이고 명확한 칭찬과 인정을 표현하는 것에서 부하직원의 자신감과 열정이 시작되는 것이다.

리더십 향상이나 계발에 대한 막연한 부담감을 떨쳐 버리고 사소한 행동의 변화에 집중해야 리더십 향상이 쉽게 시작될 수 있다. 이와 같은 작은 노력과 실행의 결과들이 모여서 리더십 향상이 성취되는 것이다.

배신감을 많이 느낍니다,
어떻게 해야 하나요?

관계상 발생하는 부정적 감정관리

조직이란 사람들이 모여서 만든 것이며, 리더의 핵심적 역할은 사람을 다루는 것이다. 실제로 부하직원이 어떻게 느끼든지 리더는 자신의 구성원에 대해 많은 고민과 노력을 하며, 시간과 에너지를 투자하게 된다. 그러나 어디 사람 사이의 관계가 내가 원하고 바라는 대로 되는 일이 있던가?

리더의 의도나 노력과는 달리 수많은 갈등과 어려움이 필연적으로 발생하게 되며, 그 중에서 흔히 경험하게 되는 것이 배신감이다. 다면평가 결과를 받은 후 첫 번째 반응은 분노와 배신감이며, 연말에 시행하는 고과면담을 끝내고 난 후 불만족을 표현하는 구성원들에게서 느끼는 감정도 유사하다.

그동안 보이지 않게 수행했던 리더의 노력을 구성원들이 알아주지 않는다고 생각되며, 쉽게 배신감이나 불편함을 느끼게 된다. 어떻게 하면 이와 같은 감정들을 관리하고 의연한 리더가 될 수 있을까?

솔루션 1 _ 구성원들에 대한
기대를 애시당초 버려라

배신감은 기대를 했다가 그에 미치지 못하는 반응에 대한 내적 감정이다. 배신감을 줄이기 위한 첫 번째 방법은 기대 자체를 낮추는 것이다. 리더는 구성원을 관리하기 위해 스스로 많은 노력과 투자를 한다. 물론 그들에게 똑같은 만큼을 돌려받기 원하는 것은 아니지만 그래도 어느 정도는 자신의 노력을 알아주거나 이해해주기를 원하는 마음을 가지게 된다.

그런데 구성원들이 리더의 노력을 기대하는 만큼 충분히 알아줄까? 그렇지 않은 경우가 다반사이다. 배신감을 줄이기 위해서는 기대 자체를 낮추거나 조절하는 것이 선행되어야 한다. 이를 실현하는 가장 쉬운 방법으로 내가 부하직원이었을 때를 떠올려보라! 그때 당신은 얼마나 상사의 마음이나 노력을 이해했었는가? 아니면 그 당시에는 자신의 입장에서의 불만과 '저건 아니지' 하는 마음을 먹었던가?

막상 리더가 되어 보니 어떠했는가? 구성원의 입장에서는 몰랐던 여러 가지 일들이 존재하며, 그때는 생각하지도 못했던 고민들이 생기지 않는가? 막상 리더가 되기 전까지는 리더의 숨은 노력과 고민을 모를 수밖에 없다. 그래서 리더가 기대하는 만큼 반응해 주기 어려운 것이다.

솔루션 2 _ 사실에 기반한
합리적 해석을 하라

배신감을 크게 느끼도록 만드는 리더의 내적 프로세스 중 하나가 배신감을 증폭시키는 내적 사고이다. 불필요하게 과도한 배신감을 불러일으키는 생각에 대해서 보다 합리적인 해석을 하는 습관을 들여라.

예를 들어 부하직원들의 행동에 대해서 '내 성의를 무시했다'거나 '지금 리더로서 나를 인정 안 한다는 거야?' 등의 해석은 필요 이상으로 부정적 감정을 불러일으킨다. '내 성의를 무시'한 것이 아니라 '리더가 많은 노력을 한다는 것을 충분히 느끼지 못할 직급과 위치'이기 때문일 경우가 많으며, '리더로서 나를 인정 안 한다'가 아니라 '90%는 리더로 인정을 하나 10% 정도의 갈등에 대해 불만을 표현하는 것이다'로 생각하는 것이 좀더 사실에 근접한 합리적 해석인 것이다.

감정적인 해석과 판단으로 나의 부정적인 감정을 필요 이상으로 키울 필요는 없다. 명확하고 분명한 사실에 기반한 합리적 해석을 적용해보라.

솔루션 3 _ 반복되지 않도록
설명하고 소통하라

하지만 때로는 정말로 불편함이나 배신감을 주는 행동을 직원들이 반복하는 경우가 있다. 이런 경우 이를 그냥 참거나 혹은 좋게 생각하고 넘어가게 되면 상대방은 자신이 그런 심리적 불편감을 주었다는 것을 모르고 동일한 행동을 반복하게 된다. 그로 인해 결국 리더는 배신감과 같은 심리적 불편감이 반복될 수 있다.

이와 같은 흔한 일 중 하나가 대화 중 습관적으로 반말을 섞어 쓰는 경우나 혹은 리더가 그 사람 모르게 노력했던 배려나 관심에 대해서 당연하게 생각하는 것이다. 이런 경우에는 "○○○씨는 대화 중에 자주 반말 섞어서 쓰는 거 알아요? 본인이 그런 의도는 없겠지만 그런 말투가 가끔 사람을 기분 안 좋게 할 수도 있을 것 같아요." 등과 같이 분명히 문제되는 행동에 대해서 지적하고 개선을 요청하는 것이 필요하다.

또한 "이번 프로젝트 수행하면서 제가 좋은 마음으로 보고 있었어요. 특히 총무과 협조 건은 제가 그쪽 팀장님과 따로 만나서 부탁을 했었던 사안입니다." 등과 같이 내용을 전달하라. 좋은 마음으로 참고 이해하고 넘어가는 것이 능사가 아니다. 나중에 불편한 감정이 축적된 후에 말을 하게 되면 대화가 어려워지고 축적된 감정으로 인해 필요 이상의 화를 내게 된다.

이를 방지하고 개선하기 위해서는 사소한 일이라도 문제가 될 수 있겠다 싶으면, 혹은 부정적인 감정이 쌓이는 것 같으면, 문제가 커지기 전에 가볍게 언급하고 가볍게 해결하는 것이 더 큰 문제를 방지하고 예방하는 방법이다. "말하지 않아도 알아요~"라는 말은 광고에서나 나오는 말이다. "말해야 안다."

|

사람들이 얽혀서 사는 곳에서는 항상 좋은 일만이 생기고 긍정적 감정의 교류만이 생기게 되지 않는다. 오랫동안 잘 지내는 부부란 둘 사이에 좋은 관계를 맺는 것뿐만 아니라 생활상에서 생기는 갈등이나 문제들을 효과적으로 해결하는 능력을 보유하고 있어야 하는 것이다. 마찬가지로 조직 내에서의 관계들도 갈등의 가능성이 상존하며, 실제적 관계 속에서 문제나 부정적 감정들이 발생할

수밖에 없다.

이와 같은 문제해결이나 부정적 감정을 적극적으로 해결하고 대처하지 않는다면 지속적으로 긍정적 관계를 맺기가 어려운 것이다. 특히 부정적 감정의 경우 커지거나 심각해지기 전에 즉각적으로 가능한 한 빨리 해결하는 것이 지혜로운 대처방법이다. 그렇지 않는다면 산에서 굴러 떨어지는 눈과 같이 점차로 커지게 되어 심각한 사안이 되어 버린다.

나이 많은 구성원을
어떻게 다루어야 합니까?

연장자 구성원과의 효과적인 관계관리

최근 능력 중심 및 성과주의 경향이 뚜렷해지면서 전통적이고 보수적 관점에서의 서열식 조직문화가 많이 사라지고 있다. 이로 인해 나이나 입사 순서에 상관없이 능력에 따른 발탁인사나 승진이 잦아지고 있으며, 대리-과장-차장-부장이라는 전통적인 서열적 호칭 자체를 없애는 조직도 많이 나타나고 있다. 이 과정에서 나이의 중요성은 점차로 사라지게 되며, 직급과 나이가 연동되는 경향도 점차로 감소되고 있다.

이와 같은 경향들은 보수적 조직보다도 IT나 벤처업계에서 더욱 뚜렷하게 나타나고 있다. 이 과정에서 팀장보다도 나이가 많은 팀원이 있는 경우들이 많아지며, 나이 어린 임원 아래에 나이가 많은 팀장들이 배치되는 경우들은 더욱 흔하다. 이와 같은 현상들로 인해 리더가 자신보다 나이가 많은 구성원들을 부하로 다루어야 하는 또 다른 고민이 생기게 되었다. 이에 어떻게 대처하는 것이 적절한 리더의 행동일까?

솔루션 1 _ 분명한 존중을
우선 먼저 보여야 한다

나이가 많은 구성원을 대해야 하는 리더도 불편감을 느끼지만 나이가 어린 리더를 모셔야 하는 상대방도 불편할 수 있다. 이와 같은 모호한 불편함에 대해서는 적극적으로 대응할 필요가 있으며, 그 시작은 리더가 하는 것이 차라리 낫다.

리더가 이 문제를 먼저 개선하기 위해서 취할 수 있는 방법은 먼저 상대방을 존중하는 행동을 보이는 것이다. 조직 내 서열을 제외한다면 어찌되었든 나보다 나이가 많으며, 혹은 입사 선배일 가능성도 높을 것이다.

이와 같이 명백하게 존중할 부분에 대해서는 먼저 존중을 하는 것이 시작이다. 이를 표현하는 방법은 '존댓말' 사용해주기, 비록 부하직원이지만 직급 호칭시 '님' 붙여주기('김과장님' '박과장님' 등),

혹은 사석에서는 '선배님'이라고 불러주기 등을 사용할 수 있다. 이를 통해서 상대방은 자신이 존중받거나 특별한 대우를 받는다고 느끼게 되며, 이는 리더에 대한 존중으로 돌아온다.

솔루션 2 _ 업무상 권한은
명확하게 행사하라

하지만 업무와 관련해서는 나이에 상관없이 각자의 역할과 책임이 있는 것이며, 조직 내에서 규정된 관계 특성이라는 것이 있다. 리더로서 행사할 수 있는 권한은 명확하고 적극적으로 행사해야 한다. 연장자에 대한 인간적인 존중은 다른 문제다. 즉 인간적인 존중과 조직 내에서의 역할과 책임이 다르다는 것을 일로 인지시켜야 한다.

조직 내 회의석상이나 혹은 업무와 관련된 일대일 미팅에서는 구성원들에게 명확하게 지시하고 리더로서의 역할에 최선을 다하라. 혹은 대화 중에 자신의 지위나 역할을 언급하며 말하는 것도 방법이다.

예를 들면 "제가 팀장으로서 말씀드리는 건데요, 이 부분은 명확하게 해주시는 게 필요합니다. 꼭 기한 내에 마쳐주시기 바랍니다." 등과 같이 업무상 권한에 근거하되 충분한 존중을 동반한다면 구성원 입장에서는 받아들이기 쉽다. 다양한 측면에서 충분히 존중을 보였다면 리더는 당당하게 리더로서의 역할을 수행해도 된다.

솔루션 3 _ 사석이나 비공식적 자리를 적극적으로 활용하라

이상과 같이 인간존중과 명확한 업무관계 확인 등을 적절히 균형있게 사용하는 것이 필요한데, 이와 같은 노력들이 때로는 삐걱대거나 혹은 제대로 이루어지지 못하는 경우들이 흔히 발생한다. 이런 경우에는 사석이나 일대일 미팅, 혹은 회식 자리와 같은 비공식적 관계에서 관련된 내용들을 구성원들에게 전달하고 교류하는 것이 적절하다.

"제가 선배님을 나름대로 존중해드리고자 노력하지만, 때로 업무하시면서 불편하실 수도 있을 것 같습니다. 솔직히 저도 그렇게 편하지만은 않지만 그래도 최선을 다해서 노력해보겠습니다. 가능하면 같이 잘 지내고 싶습니다." 등과 같이 자신의 인간적인 어려움을 전달함과 동시에 연장자로서의 존중 및 노력하고자 하는 의지를 전달하는 것이 필요하다.

이처럼 인간적인 어려움과 최선을 다하겠다는 다짐을 전달하는 것은 예상되는 갈등을 피하면서도 업무상 효율성을 지속시키는 데 도움이 된다. 비공식적인 자리에서의 솔직한 대화는 어렵고 위태로울 수 있는 연장자와의 관계에서 중심추 기능을 할 것이다.

|

대인관계는 마라톤과 같은 것이다. 단기적인 노력이나 일시적인 시도로 갑자기 좋아지지도 않으며, 갈등이나 불편함이 있다 하더라도 바로 끝장나는 것도 아니다.

특히 조직 내에서의 관계는 오랜 기간 동안 많은 시간을 공유한 결과물이며, 지속적이고 다양한 상호작용을 해온 산출물이다. 함께 일하면서 나누었던 많은 시간 및 소소한 즐거움의 산물이며, 공동의 성취가 바탕에 깔려 있는 것이다. 또한 갈등이나 대립과 같은 부정적인 사건들도 있으나 이를 적극적으로 해결하고 극복해온 결과이다.

장기간의 긍정적 관계 형성을 위한 노력과 더불어 갈등이나 문제를 서로 극복하고 해결하고자 하는 지속적인 노력이 겸비될 때 좋은 결과를 얻게 되는 것이다. 이와 같은 긍정적 사건과 부정적 사건들의 총합이 현재의 관계이다. 관계 양상을 리드하고 먼저 이끌어가는 것도 리더의 역할이라 할 수 있다.

자기 주장이 강한 사람과
업무를 하기가 불편합니다

개성이 강한 구성원관리 스킬

자기 주장이 강한 사람은 누구에게나 불편함을 줄 가능성이 높다. 대인관계의 상호작용 속에서 한 사람의 성향이 강한 경우, 다른 한 사람이 그에 맞추어 수용적으로 행동하지 않는다면, 서로 대립하거나 부딪칠 가능성이 높아지게 된다.

그러나 리더의 경우는 일반적인 관계와는 달리 그 사람에게 지시를 전달하거나 혹은 의도하는 방향으로 행동하게 만들어야 한다. 따라서 자기 주장이 강한 구성원의 경우는 대립각이 발생하기 쉽고, 다루기가 껄끄러울 수밖에 없다. 이와 같은 구성원을 잘 다룰 수 있는 효과적인 방법은 무엇일까?

솔루션 1 _ 상대방의 문제점을
구체적으로 리스팅하라

자기 주장이 반드시 나쁜 것이거나 문제가 되는 것은 아니다. 그러나 너무 강한 자기 주장은 타인에게 불편감을 주거나 혹은 팀 전체의 조화나 단합을 방해할 소지가 있다. 즉 자기 주장 자체가 나쁜 것은 아니지만 강한 자기 주장이 가질 수 있는 잠재적인 문제점들을 선정하고 이를 조절해야 한다. 그리고 이 과정을 통해 자기 주장이 가지는 강점은 강화하면서도 문제점들을 개선해야 한다.

이를 위해서 자기 주장이 강한 구성원의 특징과 잠재적인 문제점 및 팀이나 조직 전체에 미치는 영향 등을 구체적으로 리스팅하는 것이 필요하다. 강한 자기주장으로 인한 문제점들의 예는 '타인의 (의견을 무시해) 감정을 상하게 한다' '타인의 대화를 경청하지 않는다' '아예 관계 자체가 맺어지지 않도록 한다' '필요시 충분한 협력이나 도움을 얻지 못한다' 등이다.

가능하면 객관적 견지에서, 그리고 팀 전체의 관점에서 문제시 될만한 행동들을 리스팅하는 것이 필요하다. 또한 문제라고 보기는 어렵지만 개선되면 좋을 것 같은 행동들도 리스팅하라. 특히 이런 행동들은 상대방 입장에서 비위협적으로 느낄 가능성이 높기 때문에 변화나 개선 가능성도 높다. 풍부한 리스팅은 다양한 변화를 이끄는 시작점이다.

솔루션 2 _ 구체적인 개선 행동을
준비해야 한다

구체적인 문제점들을 리스팅한 후 행동적 수준에서의 대안을 준비하는 것이 필요하다. 대안도 준비하지 않고 문제점만을 지적하게 된다면 자기 주장이 강한 사람에게 오히려 논박당하거나 그 강한 자기 주장으로 역비난을 당할 가능성이 높다. 특히 대안을 준비할 때에는 구체적인 행동적 수준에서의 명확한 대안을 준비하고, 이를 통한 기대효과까지 정리하는 것이 더욱 좋다.

예를 들어 "본인의 주장을 할 때 '제 의견을 말씀드리자면'이라는 말을 먼저 시작하고 본인의 이야기를 하세요. 또한 타인이 이야기를 할 때에는 일단은 집중해서 들으세요. 맞다 싶은 내용에는 고개를 끄덕이는 등 경청 행동을 드러내고 하면 더 좋아요. 그러면 타인의 이야기를 경청한다는 느낌을 주기 때문에 당신의 주장에 대해서 훨씬 더 수용적이 될 거에요." 등과 같이 구체적이고 행동적으로 조언함과 동시에 이를 통한 기대효과를 설명해주는 것이 좋다.

문제점만을 지적하는 것은 필연적으로 부정적 감정과 반응을 불러일으킨다. 따라서 아무리 맞는 이야기이고, 좋은 의도로 하는 이야기라고 해도 거부하게 될 가능성이 높다. 구체적인 개선 행동이나 대안, 그리고 그에 대한 기대 효과를 준비함으로써 효과적인 소통이 가능해진다.

솔루션 3 _ 코칭을 하기 전에
철저한 사전 준비를 하라

일반적인 대화보다도 자기 주장이 강한 사람과의 대화는 준비가 많이 필요하다. 특히 코칭 혹은 고과면담과 같이 어려움이 예상되는 상황에 대해서는 더욱 철저한 사전 준비가 필요하다.

자기 주장이 강한 사람의 경우 본인의 입장에서 이해가 되지 않는다면, 이를 수용하거나 받아들이지 않는 경향이 높다. 오히려 자기 입장에서 반박을 하거나 본인의 주장을 다시금 강하게 제기할 가능성이 높다. 따라서 자기주장이 강한 사람에 대한 코칭이나 면담 등에서는 철저한 사전 준비를 통해 이와 같은 측면들에 충분히 대비해야 한다. 사전 준비의 구체적인 내용은 앞서 논의했던 구체적인 문제점 리스트나 그에 대한 대안, 그리고 도입 부분에서 어떤 코멘트로 시작할 것인지, 혹은 자기 주장이 강해질 경우에 대비한 코멘트 등이다.

예를 들면 "오늘 우리 대화는 OOO씨가 논리적이고 합리적인 본인의 강점을 잘 유지하면서도 다른 사람에게 더욱 부드러운 설득력을 높여주기 위한 시간이라고 생각하면 좋을 것 같아요"라고 언급하면서 코칭을 시작하면 부드럽게 대화가 시작될 수 있다. 또한 중간에 리더의 이야기를 반박하는 언급을 한다면 "일단 가능한 한 끝까지 듣고 난 후 본인의 이야기를 하면 좋을 것 같네요. 그리고 지금과 같은 표정은 너무 딱딱해서 말하면서 긴장감을 주기 쉬울 것 같네요." 등과 같은 코멘트들이 유용하다.

|

　모든 행동 및 심리적 특성들은 너무 과할 경우 문제가 될 수 있으며, 적정한 수준으로 조절하는 것이 필수적이다. '적극적'이고 '추진력이 강한' 사람은 추진 과정에서의 세부적인 측면을 고려하지 못하거나 타인과의 갈등이나 대립을 초래하기 쉽다. 또한 정교하고 꼼꼼한 일처리를 보이는 사람은 업무 처리가 늦거나 지연 행동을 보이기 쉽다.

　모든 사람들이 모든 측면에서 우수하고 뛰어날 수는 없으나 상황에 따라서 혹은 대상에 따라서 이를 적절하게 조절하고 통제할 수 있는 능력을 함양하는 것은 반드시 필요하다. 이와 같은 노력을 통해 강점은 강점으로서 충분히 발휘하면서도 강점이 가질 수 있는 취약점들이 개선되는 방향으로 이끌어가는 것이 중요한 것이다.

기분 나쁘지 않게
코칭하는 방법은 무엇인가요?

효과적인 코칭 접근법

리더가 구성원을 코칭하는 경우 긍정적 내용을 나누기도 하지만 부정적인 내용을 다루거나 혹은 문제점이나 개선점을 논의해야 하는 경우가 흔하다. 아무리 좋은 의도로 코칭을 진행한다고 해도 코칭 대상자의 입장에서는 잔소리로 듣거나 혹은 기분 나쁘게 받아들이는 경우도 비일비재하다.

이로 인해 리더는 항상 코칭에 대한 부담감을 가질 수밖에 없으며, 특히 부정적 내용이나 혹은 개선점을 논의해야 하는 경우에는 더욱 그러하다. 이와 같은 상황에서 가장 좋은 코칭 방법은 무엇일까?

솔루션 1 _ 코칭이라는 것이
기분 나쁘지 않을 수는 없다

아무리 좋은 의도를 가지고 코칭을 한다고 하더라도 기본적으로 코칭은 기분이 나쁠 가능성이 높다. '기분 나쁘지 않게'라는 기대 자체가 비현실적인 것이다. 사람은 누구라도 타인에게 지적을 받거나 문제점을 논의하는 상황이 된다면 기분이 나쁠 수밖에 없는 것이다. 또한 상사와 일대일로 대화를 나누는 것 자체가 부담이고 불편할 가능성이 높다.

당신의 전화기에 상사의 이름이 뜬다면 당신은 기분이 좋겠는가? 아니면 일단 '무슨 일이지?' 하면서 부담감과 긴장이 높아질 것인가? 일단 이와 같은 '진짜 현실'을 인정하는 데서부터 시작해야 한다. 기분 나쁘지 않게 코칭하는 방법은 원래부터 없다. 상대가 덜 기분 나쁘게 코칭하거나 혹은 그래도 좋게 받아들일 수 있는 코칭을 하는 것이 관건이다.

즉 코칭을 하면서 상대의 기분이 나쁘지 않기를 기대하기보다는 코칭을 받는 대상자의 입장을 공감하고 그들의 감정을 관리하는 스킬이나 노하우에 집중해야 한다. 코칭이라는 것이 기본적으로 변화와 개선을 전제로 하고 있기 때문에 이에 대한 부담감이나 불편감을 감소시킬 수 있는 여러 방안들을 고민해서 적용하는 것이 필요하다.

솔루션 2 _ 샌드위치 기법을
적극적으로 사용하라

샌드위치 기법이란 어렵거나 불편한 이야기를 하는 데 효과적인 방법으로서, 긍정적인 내용의 이야기로 대화를 시작하고 긍정적인 내용의 코멘트로 대화를 마무리하는 가운데에 불편한 내용을 언급하는 방법이다. 코칭 시작시 '지난 몇 주 내에 있었던 뚜렷한 성과나 업적'에 대한 칭찬과 인정 같은 긍정적 내용으로 시작한다면 구성원이 긴장을 풀고 좀더 나은 기분이 된 상태로 대화에 임하게 하는 데 도움이 된다. 그 결과 이후에 나올 불편한 내용에 대한 전반적인 수용성을 높일 수 있다.

또한 코칭 종결시 개선 후의 긍정적 기대효과와 더불어 오늘 코칭을 잘 받아들여준 데 대한 감사의 인사나 격려 등을 통해 조금이나마 긍정적 상태로 종결할 수 있다. 예를 들면 "OOO씨, 지난 주에 A사와의 프로젝트 잘 마무리했다면서요? 정말 고생했어요. 특히 어제 결과보고서 봤는데 아주 정리가 잘 되었더라구요." 등과 같이 시작하는 것이 좋다. 또한 "오늘 이야기 불편하지 않았어요? 저도 나름대로 고민 많이 하고 말했는데, 아무래도 편하지야 않겠지요. 하지만 저는 앞으로 좀더 이 문제가 개선된다면 전반적인 성과도 향상되고 사람들과의 관계도 훨씬 개선될 거라고 생각해요." 등으로 마무리하라.

전달하고자 하는 내용은 비록 불편할 수도 있고 기분이 나쁠 수도 있다. 하지만 전후에 가능한 한 긍정적 내용들을 배치함으로써 상대적으로 덜 기분 나쁘거나 혹은 발전적 관점에서 상사의 코칭을 수용할 수 있게 된다.

솔루션 3 _ 평상시 관계를
유지하고 관리하라

똑같은 상황과 똑같은 내용이라고 하더라도 평상시 어떤 관계에 있는 사람이 전달하는가에 따라 그 결과는 매우 다르다. 평상시에 신뢰가 두터웠고 긍정적 관계를 유지해오던 상사가 자신에게 개선점이나 이슈를 제기한다면 이를 훨씬 더 긍정적이고 발전적 관점에서 받아들일 수 있을 것이다.

반면 평상시에 반목과 갈등이 계속되는 관계였다고 하면 아무리 좋은 의도와 표현으로 의사를 전달한다고 하더라도 코칭시 좋은 결과를 얻기 어려울 것이다. 이와 같은 이유로 평상시 관계 패턴이 코칭의 효과성에 미치는 영향이 지대한 것이다. 따라서 리더는 이슈가 발생하기 전부터, 혹은 코칭시를 제외한 일상적인 관계에서도 직원들과의 관계나 전반적인 팀 내 대인관계의 관리와 개선에 주력해야 한다.

어떤 사람도 타인에게 부정적인 내용이나 문제점 및 개선점과 관련된 이야기를 듣는 것을 즐기지는 않는다. 다만 이를 자신의 발전을 위하는 좋은 의도에서 전달했다고 느껴지거나, 혹은 전달받은 내용이 매우 적절하고 효과적인 경우에는 이를 잘 수용하게 되며 전달해준 사람에 대해서도 긍정적 감정을 느낄 것이다. 하지만 실제로 코칭을 하는 과정이나 내용 자체는 이와 같이 단순하지 않으며, 상당히 정교한 스킬과 노하우를 통해서 전달해야 하는 어려운 대인관계 커뮤니케이션이다.

그런데 과연 '리더가 된 후에 혹은 그 이전에 이와 같은 훈련을 리더들이 받은 적이 있는가?'를 생각해본다면 '충분히 그렇지 못했다!'가 답일 것이다. 우리는 리더에게 더 많은 실제적인 교육과 스킬을 제공함으로써 이와 같은 곤란에서 벗어나도록 도와주어야 할 것이다.

잘 적응하지 못하는 신입사원,
어떻게 도와주어야 할까요?

신입사원에 대한 효과적 지원과 관리

신입사원 중 1년 안에 퇴사하는 비율이 27.7%라는 조사결과가 있다(한국경영자총협회 '2016년 신입사원 채용실태 조사' 참조). 그 어려운 취업문을 뚫고서 입사를 했는데, 왜 신입사원 중 4분의 1이나 그만두게 되는 것일까? 그 이유로는 '조직 및 직무적응 실패(49.1%)'가 가장 높았고, '급여 및 복리후생 불만(20.0%)' '근무지역 및 근무환경에 대한 불만(15.9%)' 등이었다. 이와 같은 결과를 고려한다면 신입사원이 잘 적응하도록 하기 위해서는 조직 및 직무에 잘 적응하도록 지원하는 것이 가장 중요하다.

솔루션 1 _ 모든 신입사원은
다 힘들기 마련이다

누구나 다 새로운 상황에 적응하는 것은 힘들고 어렵다. 초등학생에서 중학생이 되었을 때 학업도 어려워지고 교복을 입은 선배들도 무섭게 느껴지는 등 엄청난 긴장감과 스트레스를 경험하게 된다. 고등학교를 졸업하고 성인이 되었을 때에도 어른이 되었다는 기쁨과 더불어 성인으로서 감당해야 할 책임으로 인해 새로운 스트레스를 경험하게 되는 것이다.

마찬가지로 신입사원들의 경우 이전의 학교 생활과는 매우 다른 직장 내 조직문화나 기대와는 다른 업무 내용 등으로 인해 상당한 어려움을 겪을 수밖에 없는 것이다. 방학도 없이 매일 일찍 출근하는 것 자체가 스트레스이며, 내 의견을 주장하기보다는 상사의 의견에 맞추고 따르는 것 자체도 익숙치 않은 일이다.

게다가 본인이 열심히 한다고 해도 분명한 나의 역할이나 성취감을 확인하기 어렵고, 결과 또한 기대 수준에 미치지 못하는 경우가 많다. 신입사원에게 있어서 직장이란 하나부터 열까지 새롭게 적응해야 하는 크나큰 관문인 것이다. 이와 같은 신입사원들의 심정과 심리적 상태를 인정하고 이를 공감하고 이해하는 데서부터 시작해야 한다.

신입사원들의 경우 업무에 대한 학습보다도 새로운 상황에 대한 안정적인 적응이 우선되어야 한다는 점을 기억해야 한다. 이를 고려한 배려와 관심이 필요하다.

솔루션 2 _ 헛된 기대를 접고
현실을 받아들이도록 하라

보통 결혼을 할 때는 나름대로의 비현실적인 환상을 가지고 있는 경우가 많다. 그러나 실제로 결혼생활을 시작하게 되면서 비현실적인 환상보다는 해결해야 하는 수많은 현실적인 문제들이 가득한 험난한 길임을 깨닫는다. 신입사원들도 마찬가지다.

나의 일과 직업이라는 기대와 꿈을 안고 입사하지만 실제 현실은 완전히 딴판이다. 정신을 차리고 보니 수많은 조직 구성원 중 제일 막내이며, 내가 생각하던 업무와는 다른 허드렛일부터 시작하게 되면서 실망감을 경험하게 된다.

마케팅이나 광고직으로 입사를 하면, TV에서 보던 우리 회사의 광고모델과 광고기획 회의를 주도할 수 있을 것이라고 기대하며, CEO 앞에서 멋진 프레젠테이션을 통해 인정받는 장면을 꿈꾼다. 이와 같은 비현실적인 기대를 버리고 현실적인 단계들을 인지시켜야 할 필요가 있다. 즉 초반 몇 개월 동안에는 분위기 적응 및 업무 적응을 해야 하며, 6개월 정도는 지나야 제대로 된 업무 시작이 가능하고, 1년은 되어야 독립적으로 자신의 능력을 발휘할 수 있다는 냉엄한 현실을 알려줄 필요가 있다. 이렇게 구체적이고 명확하게 알려 주어도 막상 부딪치면 실망하게 되는 법이다.

솔루션 3 _ 어두운 면과 함께
긍정과 희망도 강화하라

하지만 직장생활이 이와 같이 어두운 면만이 있는 것이 아니며, 본인이 원하고 기대하는 바를 달성하는 영광의 그날이 반드시 있음을 동시에 알려 주어야 한다. 그러나 원하는 바를 달성하고 성취하기 위해서는 필수적으로 감당해야 하는 과정과 어려움이 있으며, 본인이 원하던 바를 성취하기 위해서는 이를 극복하고 이겨내야 하는 것이다.

한 개인의 성취나 성공은 조직 내에서 이루어지는 것이기 때문에, 불편할 수 있으나 조직의 문화와 가치를 수용하고 적응하는 것이 성공의 첫 단계임을 강조한다. 이를 전달하는 효과적인 2가지 방법은 현재의 어려움이 혼자만 겪는 것이 아니라는 점을 확인해 주는 것과 현재의 불편함이 영원히 지속되지는 않는다는 점을 말해 주는 것이다.

이 단계를 극복한 후 자신의 모습을 상상하도록 한다. 즉 현재의 어려움을 극복하고 이겨내어 적응한 후 조직 내에서 중요한 역할을 하고 본인이 원하던 바를 달성하는 스스로의 모습을 강화해주는 것이다.

|

세상의 모든 일에는 2가지 모습이 있다. 누구나 바라는 임원이 된 이면에는 더욱 냉정한 성과주의와 언제든지 퇴출당할 수 있다는 긴장감이 있는 것이다. 또한 올림픽의 금메달리스트는 그 순간을 위해 수많은 훈련의 어려움을 이겨내야만 한다. 사람들은 결과만을 보면서 부러워하지만 성공에 이르기까지의 어려운 과정과 수많은 인내는 간과한다. 특히 조직생활이 처음인 신입사원의 경우에는 지금의 조직생활과 대인관계가 어렵고 힘들 수밖에 없는 것이다.

이와 같이 조직의 새내기들을 공감하고 이해해주며, 효과적으로 적응할 수 있도록 도와주어야 하는 것이 바로 리더의 중요한 역할이다. 이런 과정과 단계들을 넘어서야만 진정한 인재가 되는 것이다.

경력사원의 조직에 대한 불만,
어떻게 대처해야 하나요?

경력사원에 대한 조직적응 스킬

최근 많은 기업들에서 이미 충분한 업무능력과 경험을 보유한 경력사원의 채용이 늘고 있다. 이와 같은 경력사원 선발과 관련해 쉽게 놓치는 부분 중 하나가 이들의 조직적응이다. 특히 경력사원이 겪는 조직적응 과정은 신입사원이 겪는 것과는 상당히 다르다.

이미 조직 생활 경험이 있고, 나름대로의 일처리 방식이 어느 정도 정형화된 경력사원의 경우 아예 백지 상태에서 조직에 입사하는 신입사원과는 다른 적응 과정을 거친다. 이와 같은 점을 고려하지 못한다면 어렵게 선발한 조직과 새로운 도전정신으로 입사한 경력사원 모두 실패할 가능성이 높아진다.

솔루션 1 _ 일단은 중이 절에
적응하는 것이 맞다

모든 조직은 업의 특성이나 경영철학 등에 따라 상당히 다른 조직 문화와 업무처리 방식을 보유하고 있다. 이와 같은 나름대로의 조직문화와 업무처리 방식은 상당히 오랜 기간에 걸쳐 구성된 것이며, 비록 단점도 있기는 하나 현재와 같은 상태가 된 이유가 분명히 있다.

예를 들어 설명하자면, 전통적인 대기업이나 공기업의 경우에는 보수적이고 서열 중심적 조직문화가 강한 반면에 IT업계나 벤처 기업 등에서는 상당히 젊은 조직문화와 비서열 중심적 분위기가 강하다. 또한 외국계 기업의 경우에는 비교적 자유로운 분위기이나 성과중심적인 성향이 매우 강하다.

만약 경력입사자가 이전과는 다른 새로운 조직문화를 이해하고 체화하기 위해서는 상당한 시간이 걸리게 된다. 하지만 그 과정에서 이를 적극적으로 이해하고 수용하려고 하기보다는 반발하거나 문제점을 계속 제기한다면 적응에 시간이 오래 걸릴 수밖에 없다. 이로 인해 새로운 회사의 조직문화 및 일처리 방식에 적응이 저해되고, 내적인 불만도 가득 찰 가능성이 높아진다.

일단 로마에 왔으면 로마법에 따르고 적응해야 한다는 것을 분명히 인지시키고, 그 과정에서 발생할 수 있는 잠재적인 문제점이나 이슈들에 대해 논의하고 합의하는 것이 필요하다. 예를 들어 "OOO씨가 우리와 같이 일하면서 이전 조직과 다른 점이 많이 있을 겁니다. 때로는 우리의 방식이 이해가 안 되거나 문제점이 보일 수도 있지만 한동안은 좀더 우리 문화나 일처리 방식을 수용하려고 노력해주시기 바랍니다. 관련해서 문의사항이나 어려움이 있는 경우에는 적극적으로 저와 상의해주기 바랍니다." 등과 같이 사전 준비를 시킬 수 있다.

솔루션 2 _ 빨리 적응할 수 있도록
로마법을 알려주라

로마에서는 로마법을 준수하며 로마의 생활방식에 맞추어 살 필요가 있다. 이를 위해서는 우선 로마법과 로마의 생활 방식에 대해 적극적으로 설명하고 이해시키려는 노력이 선행되어야 한다. 특히 조직문화나 일처리 방식, 그리고 사람들과의 관계 패턴 등은 명문화된 규정이나 규칙이 명확히 정해진 것이 아니며, 소위 관습법에 준하는 것들이 많다.

　따라서 이를 파악하기도 어렵고 파악한다고 해도 쉽게 인정하거나 수용하기도 어렵다. 이를 고려해 어느 정도 적응이 이루어질 때까지는 새로운 조직문화나 일처리 방식에 적응할 수 있도록 적극적으로 설명하고 이해시키려는 노력이 필요하다. 법을 몰라서 법을 못 지키는 일은 없어야 하지 않겠는가!

솔루션 3 _ 떠나간 사랑은
아쉬움을 남기는 법이다

어떤 이유에서 헤어졌든 간에 떠나간 사랑은 아쉬움을 남기는 법이다. 새롭게 만난 사람과의 관계에서 불만이 생길 때에는 '예전 그 사람은 그렇지 않았는데….' 하면서 이전 사람과 비교를 하거나 그 사람과의 좋았던 추억을 떠올리게 된다.

마찬가지로 조직 내에 적응하는 과정에서도 현재 조직의 장점과 새로운 각오도 있지만, 이슈나 문제가 생길 때에는 이전 직장과 비교를 하거나 내 안에 자리잡고 있는 전 직장에서의 습관이 튀어나오게 된다.

이렇게 과거에 젖어 있을 때에는 이전의 애인과 헤어졌던 이유나 이직을 하게 된 이유를 떠올리게 해보라. 그러면 다시금 이전 직장에 대한 객관적인 판단이 돌아오게 되며 이를 통한 마음의 평정을 되찾는 데 도움이 된다. 동시에 현 조직이 가지는 단점 및 그에 대한 대책과 더불어 상대적인 장점에 대해서 논의하고 장기적 관점에서의 희망을 심어주는 것이 효과적이다.

관리자급, 특히 임원급에서 새로운 조직에 들어간 경우 기존의 조직 문화를 무시하고 자신의 방식대로 모든 것을 세팅하려고 하는 오류를 자주 보게 된다. 이 과정에서 상당한 마찰과 혼란을 가져오게 되며, 결과적으로는 조직도 상처를 입고 개인도 적응에 실패하는 경우들이 발생하게 된다.

새로운 조직에 적응하는 과정은 조직 차원에서나 개인 차원에서 모두가 적응이 필요한 과정으로, 상당한 노력이 소요되는 과업이라는 것을 기억하라. 리더는 경력사원을 관리함에 있어 이와 같은 적응 과정, 즉 Soft-Landing에 대한 이해에 기반한 관리가 필요하다.

팀 내 구성원들의 갈등관계, 어떻게 해결해야 하나요?

팀 내 갈등관리

사람이 모이는 곳에는 항상 갈등이라는 것이 존재한다. 개인적 관계에서는 그나마 이해관계가 적기 때문에 갈등이 심하지 않거나 혹은 쉽게 타협이 된다. 하지만 조직은 이해관계를 기반으로 해 모인 곳이기에 더욱 첨예한 갈등이 존재할 수밖에 없다. 특히 조직 내 상하관계나 갑을관계 등은 갈등을 해결하는 방향이 비교적 명확하고 어느 정도 정해져 있다.

하지만 팀 내에서 혹은 팀 간에서의 갈등은 해결방법이나 명확한 원칙이 존재하지 않기 때문에 더욱 해결하기가 어렵다. 갈등이란 조직 내의 긍정적 에너지를 고갈시키며 부정적 에너지를 증가시키는 부정적 기능을 하기 때문에 리더로서는 이를 적극적으로 해결해야만 한다.

솔루션 1 _ 갈등의 원인을 냉정하게 분석하고 판단하라

일단 갈등이 발생하면 갈등의 원인 혹은 원인 유발자를 명확하게 구분해내야 한다. 관련된 구성원 각각에 대해 냉정하게 분석하고 판단해야 한다. 고장난명(孤掌難鳴)이라고, 보통 갈등이 발생하는 경우, 누구 하나의 잘못인 경우는 없으며 여러 사람들의 이해관계 속에서 역동적으로 발생하는 경우가 대부분이다.

따라서 관련된 구성원 각각의 입장에 대해 냉정하게 분석하고 판단하며, 각자의 입장을 고려해 그 원인과 비중을 분석하는 것이 필요하다. 갈등의 원인이 개인적 관계상의 문제인지 업무 관련된 문제인지에 대해 그 속성을 확인해야 하며, 관련된 개인들의 갈등 관리 패턴에 대해서도 파악해야 한다. 갈등의 원인과 비중이 구체적으로 밝혀져야 효과적이고 타당한 해결방안을 수립할 수 있다. 개인적인 감정이나 주관적 입장에서만 판단하면 궁극적인 원인을 밝히기 어렵다. 리더는 냉정하고 합리적인 판단자여야 한다.

솔루션 2 _ 다양한 타인의
의견과 관점을 수렴하라

리더는 실제 조직이 돌아가는 현상과 상황에 대해 정확히 알기가
어렵다. 리더의 관점은 제한이 있을 수밖에 없으며, 구성원들도 상
사에게 모든 것을 솔직하게 말하지 않기 때문이다. 따라서 리더 입
장에서의 판단과 결정은 제한된 정보와 관점에 의한 잘못된 판단
일 가능성도 높다.

이 때문에 리더는 다양한 타인의 의견과 관점을 적극적으로 수
렴하고 이를 고려한 종합적인 판단이 필요하다. 즉 첨예한 갈등관
계에 있는 당사자 각각의 입장을 청취함은 물론 관찰자적 입장에
있는 제3자들의 의견과 판단을 수렴해야 한다.

이를 통해서 보다 입체적인 상황 구성과 그에 따른 갈등의 원인
과 각각의 갈등 유발 정도를 좀더 정확하게 판단할 수 있는 것이다.
다만 이때 주의해야 할 점은 고자질을 한다거나 뒷담화라고 느끼
지 않도록 배려하고 접근하는 것이다. 그런 느낌을 받는 상황에서
는 리더에게 필요한 정확한 정보를 수집하기 어렵다. 정보 수집 과
정에서 정보제공자의 어려운 입장에 대해 충분히 공감하고 이해해
야만 정확하고 객관적인 정보 수집이 가능하다.

솔루션 3 _ 개별적 관리 및
구체적인 조치가 필요하다

갈등의 원인과 유발 정도가 어느 정도 확인되면 해결을 위한 조치에 돌입해야 한다. 갈등 해결을 위한 접근법의 가장 큰 원칙 2가지는 개별적 접근 및 양비론(兩非論)과 양시론(兩是論)에 기초한 win-win 접근이다. 조직 구성원 간의 갈등이라는 것 자체가 예민한 이슈일 뿐만 아니라 각자의 입장이라는 것이 있기 때문에 해결과정도 기본적으로는 개별적인 접근을 취하는 것이 바람직하다.

또한 해결과정상 일방적으로 한쪽의 편을 들거나 혹은 한쪽만을 비난하는 경우에는 후폭풍이 발생할 수밖에 없다. 일방적으로 한쪽의 입장을 지지해주는 경우 이를 그대로 믿고 기분이 좋아지기 보다는 '혹시 상대방에게도 똑같이 편을 들면서 나에 대한 욕을 하는 건 아닐까?'라고 생각할 수 있다. 반대로 일방적으로 한쪽만을 비난하는 경우 비난당하는 측에서는 부당하고 억울하다고 지각할 수 있다.

이와 같은 개별적인 접근이 성공적으로 이루어진 후 필요하다면 함께하는 자리를 마련하는 것이 효과적이다. 다만 이때에는 갈등의 원인이 된 과거에 초점을 두기보다는 앞으로 있을 화합의 미래를 중심으로 접근하는 것이 필요하다.

세상에서 제일 재미있는 것이 '싸움구경'이라는 말이 있지만 이는 나와 관계없는 사람들의 싸움 구경에만 국한되는 표현이다. 내가 그 싸움에 관련이 되어 있다거나 그 싸움을 해결해야 하는 사람의 입장이 되면 그만큼 골치 아픈 일이 없는 것이다. 하지만 세상 어느 조직이 아무런 갈등이나 대립 없이 조용하고 평화롭기만 할까?

더욱이 갈등이란 과정은 힘들지만 우리 조직이 가지고 있는 잠재적인 문제의 표현이다. 그리고 이를 효과적으로 해결하는 것은 더욱 건강하고 효율적인 조직으로 가기 위한 필수과정이라는 것을 기억해야 한다. 특히 리더는 갈등을 적극적으로 해결해야 하며, 이를 통해 더욱 건강하고 긍정적인 교류와 상호작용이 이루어지는 조직을 만들 책임이 있는 것이다.

전체 구성원이 만족할 수 있는
사람관리 방법이 있나요?

팀 전체 차원에서의 조직관리 노하우

가장 이상적인 조직은 전체 구성원 모두가 만족하고, 모두가 열정과 적극성을 가지고 일하며, 모두가 화합과 조화를 통해 최고의 팀을 만드는 것이다. 이를 위해서 리더는 자신의 열정을 기꺼이 바치고 끊임없이 노력하며, 팀의 화합과 만족을 이루어야 될 책임이 부여된다.

하지만 수많은 사람들이 모여서 만든 팀 내에서 과연 이것이 가능할까? 특히 나름대로 한가닥한다는 개성 강한 인재들이 모여 있는 조직에서 이들을 모두 만족시키고 몰입할 수 있도록 하는 것이 과연 실제로 가능할 것인가?

솔루션 1 _ 전체 구성원이
모두 만족하는 경우는 없다

결론부터 말하자면, 전체 구성원이 모두 만족하는 매직 솔루션은 없다. 어떤 방법이건 어느 누군가는 상대적인 박탈감이나 불만감을 가지는 것이 당연하다. 즉 전체 구성원이 모두 만족할 수 있을 거라는 기대 자체가 비현실적인 것이다.

물론 TV나 언론에서 보면 '행복한 직장'이라고 보도되는 곳에서 많은 직원들이 만족한다고 인터뷰를 하지만 과연 모든 직원들이 정말로 만족할까? 또한 '훌륭한 리더'라고 소개되는 사람에 대해 침이 마르도록 존경한다고 이야기를 하는 부하직원들의 사례가 나오지만 정말 모든 직원들이 직장에서 전혀 불만 없이 만족하며 생활하고 있을까?

이보다는 전반적인 만족감과 전반적인 불만족 간의 비교가 더 중요한 요소이다. 비교 결과, 만족이 그나마 큰 경우라면 그래도 훌륭한 리더이고 행복하고 즐거운 조직이라고 느끼게 된다. 반면에 크게 만족스러운 요소는 없는데 불만족스러운 부분들이 많다면, 구성원들은 의욕과 열정이 저하되고 행복감을 느끼지 못하게 되는 것이다. 그렇게 다양한 요구와 기대를 가진 사람들로 구성된 조직인데, 어찌 모두를 만족시킬 수 있을 것인가? 불가능한 일이다!

솔루션 2 _ 최대 다수의 최대 행복이
어느 수준인지 파악하라

그렇다면 전체 구성원이 만족할 수 있는 조직은 불가능하므로 포기할 것인가? 그렇지 않다! 리더는 최대 다수가 최대로 만족할 수 있는 방법을 고민해야 한다. 또한 이들의 만족 수준에 대해서도 현실적인 목표를 설정하는 것이 필요하다.

이를 위해서 가장 먼저, 구성원들의 만족 상태에 대해 민감해야 한다. 리더는 관리하는 조직의 구성원들이 어느 수준으로 만족하고 있는지, 어떠한 불만족을 가지고 있는지에 관해 민감해야 한다. 구성원들이 만족을 느끼는 요소와 그 수준, 그리고 불만족을 느끼는 내용과 그 정도를 파악하는 것이 선행되어야 한다.

특히 이 문제는 절대적 수준에 대한 평가가 아닌 경우가 많다. 이보다는 오히려 다른 팀이나 다른 조직 같은 비교 대상과의 상대적인 비교에 의한 만족 혹은 불만족이 더 중요하다. 이를 파악하기 위한 다양한 방법들이 있다. 예를 들어 다면평가에서의 조직간 비교 점수나 의견들, 혹은 조직만족도 등과 같은 객관적 서베이 결과, 그리고 스트레스나 행복감과 관련된 심리검사 결과 등을 참고할 수 있다.

솔루션 3 _ 만족을 최대화하고
불만족을 최소화하라

구성원들의 만족 및 불만족 요인과 수준을 파악한 후 만족은 최대화하면서 불만족을 최소화할 수 있는 실제적 행동을 취해야 한다. 특히 리더는 구성원의 만족과 불만족을 궁금해하되 구성원의 입장과 요구에 기초해서 이를 파악해야 한다.

리더가 생각하는 구성원의 만족 및 불만족 요인과 구성원들이 생각하는 그것과는 다를 수 있다. 리더가 직원들을 격려하기 위해 회식을 자주 하는 것이 그들에게는 추가적인 연장 근무와 별다를 것이 없는 부담일 수도 있다. 또한 사생활에 대한 관심이나 질문이 개인주의에 익숙한 신세대들에게는 필요 이상의 과도한 개인적 영역에 대한 침범이나 간섭으로 느껴질 수 있다.

이러한 구성원들의 입장을 파악한 후 만족을 증진하고 불만족을 최소화하는 방법은 그들에게 직접 물어보는 것이다. 즉 구성원들에게 만족 요인 및 이를 증진할 수 있는 방법과 불만족 요인 및 이를 줄일 수 있는 방법에 대한 의견을 물어보라. 물론 그들이 말한다고 해서 다 들어줄 수는 없는 일이지만, 이와 같은 주제를 소통하고 교류하고자 하는 리더의 의지와 행동이 그들의 만족을 증가시키는 좋은 시작이 될 수 있다.

전체 구성원이 만족할 수 있는 마법과 같은 방법은 없다. 최대한 노력하는 방법밖에 없다. 오히려 현실적으로는 리더의 노력에 대해서 알아주는 구성원은 그리 많지 않으며, 끊임없이 기대수준은 높아진다. 이 때문에 리더는 자신의 노력을 알아주지 않거나 혹은 노력에 대한 대가나 인정이 없다는 것에 대한 배신감이나 서운함을 느낄 수 있다.

그러나 이는 애초부터 기대하지 않는 것이 좋다. 그래도 서운하고 배신감이 들면 '나는 부모가 키워준 것에 대해서 얼마나 보답하고 이에 대한 감사의 표현을 했는지'를 생각하고 반성해보라. 부모에 대한 진정한 감사함을 느끼는 것만 해도 몇십 년이 걸리지 않는가?

원래 사랑과 애정은 내리 사랑인 것이지, 보답과 인정을 기대하는 것이 아니다. 리더 스스로 전체 구성원의 만족을 위해 충분히 노력했다면 스스로 만족하고 스스로 칭찬해주는 것이 바람직하다. 만약 구성원들이 그걸 알아주고 인정해준다면, 그것은 덤이다. 스스로 행복한 리더라고 생각하고 즐거워하면 된다.

성과관리는 구체적인 목표 설정과 그 달성 정도에 대한 측정 및 평가와 피드백, 그리고 이를 통한 인적자원의 가치를 극대화하는 것을 지칭한다.

리더는 본인의 성과관리는 물론 구성원들의 성과관리에 대한 지휘 및 관리 책임을 가지고 있는 사람으로서 본인의 목표 설정과 달성뿐만 아니라 구성원들에게 목표를 부여하고 더욱 높은 성과를 달성하도록 모니터링하고 관리하는 기능을 수행해야 한다.

결과를 만들어내는 리더

리더의 성과관리

나는 10대 때부터(남들이 허풍이라 할 정도의)

터무니없어 보이는 목표를 공개적으로 밝혀 호언장담하는 버릇이 있었다.

일단 공언하면 자신을 궁지로 몰아넣게 되고 강한 책임감을 느끼게 된다.

조직에 목표를 공언하고 그 목표를 달성해 보이겠다는 결의로

주위 사람들을 이끄는 것, 이것이 리더십이다.

– 손정의(소프트뱅크 회장) –

구성원이 개인적 문제로
일에 소홀하면 어떻게 하나요?

성과관리상 개인적 이슈관리 방법

한 개인의 성과를 결정하는 요인들 중 개인적인 문제들이 미치는 영향도 간과할 수 없다. 대표적인 개인적 이슈는 가족 문제로서 만약 직원의 자녀가 학교에서 문제가 있거나 혹은 가족 중에 신체적인 질병을 겪는 사람이 있다면 그에 상당한 심리적 에너지가 소요될 수밖에 없다. 이는 결국 업무에 집중할 수 있는 심리적 에너지 부족을 초래하고 업무 효율성을 저하시키게 된다.

개인적인 문제는 개인이 알아서 해야 하는 것이라고 생각할 수도 있으나, 리더는 구성원이 최고의 상태로 최선의 성과를 발휘할 수 있도록 하는 데 도움이 된다면 그것이 어떤 것이든 관리의 대상이 된다. 그런데 과연 어느 정도까지 이를 고려하고 양해해주어야 하며, 어떻게 해결해주어야 할까?

솔루션 1 _ 개인적 문제의
성격과 내용을 파악하라

우선 개인적 문제의 성격과 내용이 무엇인지를 개괄적으로 파악하는 것이 무엇보다도 선행되어야 한다. 구성원이 경험하고 있는 개인적 문제나 이슈가 통상적으로 인정해줄만한 문제인지, 아니면 개인의 독특성이나 성격에 기인해 생기는 이슈인지에 대해 판단해야 한다.

보통 구성원이나 그 가족들의 건강 문제나 일시적이고 상황적인 이슈들이라면 조금만 기다리면 해결되는 경우들이 많다. 하지만 어떤 경우에는 쉽게 해결될 수 없는 장기적인 문제들을 가지고 있는 경우들도 흔하다. 부부 간의 지속적 갈등이나 이혼 등은 상당히 오랜 기간 동안 스트레스를 경험하게 되고 그 후유증도 만만치 않은 대표적인 예이다.

이와 같이 개인적 문제의 성격과 내용을 어느 정도 파악함으로써 그로 인한 영향력이나 후유증을 어느 정도 예상할 수 있다. 다만 이 과정에서의 지나친 개입이나 탐색은 구성원들이 개인적 영역에 대한 침범으로 느끼거나 혹은 방어적 태도를 유발할 수 있으므로 주의를 요한다.

솔루션 2 _ 조심스럽고 진지하게
본인에게 물어보라

과연 구성원의 개인적 문제로 역량이 발휘되지 않는 상황을 언제까지 기다려야 하는가? 그 해답은 본인에게 물어보라! 즉 조심스럽고 진지하게 첫째, 업무상의 문제들이 나타나고 있으며, 둘째, 아마도 개인적 문제로 추정이 되는데, 셋째, 그 문제의 성격과 내용에 대해 공감 및 이해를 하고 있으니, 넷째, 언제까지 이를 이해하고 양해해주었으면 좋겠는지 질문하라.

이는 개인적 문제로 인한 업무 성과상 문제에 대한 경각심을 제공함과 동시에 본인 스스로 이에 대한 문제의식과 그에 대한 해결의지를 가지도록 하는 기능을 한다. 하지만 이 과정은 상당히 예민하고 조심스러운 과정이며, 개인적 문제의 성격이나 내용이 리더가 언급하거나 관여하기 어려운 문제일 가능성도 많으므로 주의할 필요가 있다. 궁극적으로는 리더가 구성원의 개인적 문제를 직접 관여해 해결해줄 수는 없는 것이며, 이 정도면 리더가 할 수 있는 최선을 다한 것이다.

솔루션 3 _ 고과에는 냉정하게
반영할 수밖에 없다

하지만 조직은 냉정하다. 개인적 문제에 대해 이해가 된다고 하더라도 그로 인한 성과 저하는 평가 결과에 반영할 수밖에 없다. 학창 시절 감기가 심하게 걸려서 공부를 못했다면 성적은 떨어질 수밖에 없으며, 감기에 걸렸던 것을 반영해서 점수를 조정해 달라고 할 수는 없는 것 아니겠는가!

특히 연말 평가를 기준으로 고과평가와 역량평가가 나누어진 경우라면 개인적 문제로 역량 자체가 변화되지는 않겠으나 구체적이고 명시된 업무 목표 미달시에는 이를 고과에 반영할 수밖에 없다. 세상은 원래 그런 곳이다.

|

리더나 구성원 모두 개인적 삶이라는 것이 있으며, 개인적 삶에서 예상치 못한 문제나 어려움을 겪는 경우가 종종 발생한다. 개인 기준이 아니라 조직 기준으로 보면 구성원이 (개인적 문제로) 업무 효율성이 떨어진다면 이는 적극적인 관리의 대상이다. 하지만 리더가 직접 이를 해결해주거나 관여해주는 것은 불가능하다.

단지 이를 인식하고 이해와 공감을 해주며 실제적인 해결을 위해 도와주는 기능을 할 뿐이다. 리더는 본인의 개인적 문제를 해결하는 것만으로도 벅찰 수 있으며, 실제적인 해결은 전문가에 의뢰해야 하는 것이 맞다.

만약 자녀의 문제로 고민한다면 자녀 심리검사를 제대로 받아보도록 하고 부부 간의 갈등이 심각하다면 부부치료를 받도록 해주는 것이 적절하지, 리더가 직접 개인적 문제를 관여하고 언급하는 것은 적절치 않다.

핑계를 대면서 할 일을
잘하지 않으면 어떻게 하나요?

핑계가 많은 구성원에 대한 성과관리

리더가 가장 다루기 '피곤한' 스타일의 구성원은 자신의 업무나 책임을 다하지 않으면서도 온갖 핑계로 요리조리 빠져 나가는 소위 '뺀질거리는' 구성원일 것이다. 딱히 큰 잘못이나 문제를 일으키지는 않으나 그냥 놔두기도 애매해 리더의 에너지와 신경을 야금야금 빼앗아가는 존재인 것이다.

특히 이와 같은 경우는 그냥 두게 되면 비슷한 패턴이 지속적으로 반복되기 때문에 어느 시점에서든지 한번은 정리와 개선이 필요하다. 그렇다면 이러한 구성원을 효과적으로 다루고 해결하는 방법은 무엇일까?

솔루션 1 _ 할 일에 대해서
명확하게 정의하고 공유하라

우선 본인의 할 일에 대해 명확하게 정의하고 공유하는 것이 선행되어야 한다. 업무 지시에 대해 매우 구체적이고 명확하게 정의를 해야 하며, 이와 같이 명확한 업무 정의가 이루어질수록 핑계를 댈 여지가 줄어든다. 업무지시와 목표를 구체적으로 정의하는 방법은 기한을 정하고 숫자를 활용하는 것이다. 즉 '언제까지 어떤 업무를 어느 수준까지 완수'하도록 협의하는 것이다.

또한 이에 더해 발생 가능한 잠재적 장애요인이나 문제점들을 미리 논의하면 더욱 좋다. 예를 들면 다음과 같은 식이다. "물론 다른 업무도 많겠고 연휴도 있기는 하나 시간 조절을 잘해서 주어진 시간 내에 이는 반드시 완수하는 것으로 합시다. 특히 기획팀과의 공동 업무 작업은 지금까지 계속 해왔던 것이기 때문에 이 프로젝트를 하는 데 큰 방해는 안 될 거라 생각합니다!" 이처럼 핑계거리를 미리 논의함으로써 '핑계'를 원천적으로 방지하는 것이다.

사전에 충분히 논의하고 고지했음에도 불구하고 핑계를 대는 경우에는 정당한 비판이나 문제제기를 할 수 있다. 하지만 이런 사전 작업이 충분히 이루어지지 않는다면 빠져나갈 구멍을 만들어주는 것이다. 충분한 사전작업을 통해 빠져나갈 구멍을 틀어막고 정정당당히 해결하라.

솔루션 2 _ 핑계를 공략하고
대안을 준비하라

구성원들의 핑계는 대부분 합리적이고 말이 된다. 리더가 가만히 이야기를 듣다 보면 어느새 인정할 수밖에 없게 된다. 그런데 그 이유는 진짜 상대방의 입장이 합리적이고 다 맞기 때문이 아니다. 다만 리더의 입장에서는 구성원만큼 충분히 이를 준비하고 대비하지 않기 때문이다.

일반인들이 사기꾼에게 속을 수밖에 없는 이유는 그들은 항상 나름대로의 논리와 주장을 철저히 준비하기 때문이며, 듣는 사람의 경우는 이에 대한 충분한 고려와 대비가 없기 때문이다. 이와 마찬가지로 핑계를 자주 대는 사람은 그동안 수많은 케이스들에 대해 그와 같은 방식으로 대처하고 책임 회피를 했을 가능성이 높으며, 리더들은 철저한 준비가 없었기 때문에 계속 당할 수밖에 없는 것이다.

따라서 몇 가지 핵심적인 핑계 사유나 반복되는 패턴에 대해서는 적극적인 대응이 필요하다. 즉 반복되는 핑계 패턴에 대해 미리 충분히 고민하고 그에 대한 대안을 준비하는 것이 필요하다. 그리고 이를 적극적으로 공략함으로써 반복되지 않도록 하는 것이 중요하다.

솔루션 3 _ 기준이나 목표에
미달하면 고과로 보답하라

지속적으로 이와 같은 패턴을 통해 본인의 할 일을 철저히 수행하지 않는다면 이를 고과에 반영해야 한다. 핑계를 대든 아니든 간에 자신에게 주어진 책임이나 역할을 완수하지 못했다면 이는 그에 상응하는 평가를 받는 것이 정당하다.

따라서 주어진 기준이나 목표에 분명히 도달하지 않은 경우에는 이를 고과에 반영하도록 하고 그 사유에 대해 명확히 전달하는 것이 필요하다. 이를 위해서 앞서 논의한 명백한 기준과 목표 설정 및 이에 대한 지속적인 관리와 모니터링이 중요한 것이다.

|

생각보다 구성원이 일을 잘하도록 만드는 것은 쉽지 않은 일이다. 자신이 맡은 일이니 당연히 책임감을 가지고 완수해야만 하는 것이 아니냐고 생각할 수 있다. 하지만 각자의 입장이나 특성에 따라서 열심히 일하는 기준이 다 다르며 완수라는 개념도 다르다.

리더는 이를 어느 정도 조절하고 통제하는 능력이 있어야 하는 것이다. 비록 '핑계를 잘 대면서 자기가 할 일을 제대로 하지 않는 사례'에 대해 논의했으나 그 이면에는 다른 이유들이 있을 수도 있다. 예를 들어 열정과 몰입의 부족을 가져오는 조직에 대한 불만족 혹은 개인의 낮은 목표 수준 등 다양한 원인이 존재할 수도 있는 것이다. 이처럼 리더는 사람을 깊이 보고 다양한 측면을 고려할 수 있을 때 더욱 효과적인 사람관리가 가능한 것이다.

역량이 떨어지는 직원은
어떻게 관리해야 하나요?

역량 부족 직원에 대한 효과적 성과관리

역량과 능력이 떨어지는 직원을 보통은 저성과자(혹은 C-player)라고 칭한다. 즉 조직이나 리더가 기대하는 수준의 수행을 보이지 못하며, 자신에게 주어진 역할이나 책임을 완수하지 못하는 구성원을 말하는 것이다. 물론 각자가 알아서 일을 잘 하면 좋겠지만 그런 행운을 가질 수 있는 리더는 몇 명 되지 않는다.

구성원들은 내적인 이유로 혹은 상황적인 이유로 업무 수행에 대해 편차를 보이게 되며, 이를 적절하게 관리하고 고성과를 지속적으로 유지하도록 하는 것이 리더의 핵심적 역할이다.

솔루션 1 _ 저성과자는
어느 조직에서든 존재한다

어느 조직 혹은 어느 업무에서나 저성과자는 존재하게 되어 있는 법이다. 특히 상대 평가가 이루어지는 상황이라면 어쩔 수 없이 성과가 우수한 사람과 성과가 저조한 사람이 구분되게 마련이다. 그리고 저조한 성과가 지속적으로 반복이 되고 해결되지 않는다면 이는 적절한 조치와 개입이 필요하다.

만약 내 부하직원 중에는 딱히 저성과자라고 할 만한 사람이 없다고 한다면 그 리더는 매우 행복한 리더라고 생각하면 된다. 그래서 리더는 항상 알아서 우수한 성과를 보이는 A player와 무난하고 일반적 수준의 B player, 그리고 기대하는 만큼의 성과를 내지 못하는 C player에 대한 관리 방안을 준비하고 실행해야 한다.

솔루션 2 _ 저성과의 원인을 확인하고
그에 맞게 대응하라

일반적으로 역량이 떨어진다고 표현하지만 실제 저성과의 원인은 다양하다. 저성과를 보이는 주요 3가지 원인은 직무능력의 부족(역량 미보유), 동기의 부족(역량 미발현), 그리고 인성이나 태도상의 문제 등으로 구분할 수 있다.

직무능력의 부족은 직무에 필요한 실제적 기술이나 노하우가 부족한 경우다. 즉 충분한 직무 기술에 대한 학습이나 훈련 부족으로 인해 생기는 문제로서 본인의 전공과는 다른 직무를 담당하거나 혹은 직무전환을 한 경우가 이에 해당한다. 이 경우에는 부족한 능력이나 스킬에 대한 적극적 학습 기회를 제공함으로써 해결할 수 있다.

또 하나의 저성과 원인은 동기의 부족이다. 즉 실제적인 능력이나 역량은 보유하고 있으나 이를 업무상에서 적극적으로 발휘하지 않는 것이다. 예를 들어 부서 내 적응상 무언가 문제가 있거나 혹은 상사와의 갈등이 심해 일에 대한 열정과 몰입이 부족한 경우 등이 이에 해당한다. 이 경우에는 업무상 동기를 저하시키는 원인을 확인하고 다시금 열정과 몰입을 유도하는 것이 적합한 대응 방안이다.

솔루션 3 _ 포기하고 적응해야 하는
경우도 있음을 인정하라

저성과의 원인 중 인성적 문제는 일이나 직무에 대한 기본적인 태도상 문제가 있거나 혹은 조직생활에 필요한 기본적인 인성이 부족하고 결핍되어 있는 경우이다. 직장생활의 기본적인 원칙과 태도는 자신에게 주어진 역할이나 책임을 적극적으로 수행하고 이를 통해 개인의 성과 창출과 조직의 성공을 만드는 것이다. 이와 같은 원칙과 태도가 부족한 경우 저성과를 보이게 된다. 예를 들어 지나친 개인주의나 필요 수준의 성취욕구 자체가 없는 경우 등이 이에 해당한다.

또한 조직생활에 필요한 기본적 인성이란 함께 일하는 것과 관련된 기본적인 소통 능력 및 커뮤니케이션, 그리고 팀워크 등을 말한다. 기본적 인성이 부족한 경우에는 대인 간 소통에 문제가 생기거나 협업이나 팀워크를 이루지 못해 결과적으로 본인 및 조직의 성과를 저해한다. 이러한 기본적인 태도의 문제 및 조직 생활에 필요한 핵심적 스킬이 결핍된 경우는 개선하기가 매우 어려우며, 특히 리더가 직접 이를 변화시키기는 더욱 어렵다.

인성적 문제가 있는 경우는 단순히 인성적 문제에 그치지 않고 동기나 능력상의 문제들도 동반되는 경우가 흔하기 때문에 실제로 해결이나 개선이 요원한 것이 현실이다. 따라서 이런 경우에는 현재의 수준을 유지하는 선에서 타협하고 리더의 심리적 에너지를 희망과 가능성이 보이는 구성원에게 투자하는 것이 오히려 현실적인 방법이다.

|

학교에서 학생이 공부를 못하는 이유는 다양하다. 교사가 나름대로의 노력과 열정을 기울이지만 원하는 바대로 되지 않는 경우들도 흔하다. 그 이유는 아예 공부 능력이 없기 때문일 수도 있고, 똑똑하나 공부를 안 해서일 수도 있다. 학생에 대한 정확한 분석과 원인 파악이 선행되어야 성적 향상이 가능하다.

그렇다고 해서 공부를 못하는 학생이 기본적으로 가치가 없는 것은 아니다. 오직 성적이라는 잣대로 보았을 때 공부를 못할 뿐이지, 해당 학생은 다른 측면에서는 우수하고 탁월한 능력을 가지고 있을 것이다.

하지만 조직은 성과라는 가장 핵심적 잣대를 기준으로 구성원을 평가하는 것이 원칙인 곳이다. 이와 같은 저성과자에 대한 방치는 열심히 일하는 자들에 대한 동기를 떨어뜨리거나 혹은 전체 조직의 분위기를 망치는 역기능이 있을 수 있으므로 리더의 적극적인 관리와 대처가 필요하다.

더 이상 노력하지 않는 직원을 어떻게 해야 합니까?

열정과 몰입이 부족한 구성원의 성과관리

리더의 입장에서 보면 안타까움을 느끼는 구성원들이 있다. 능력이 출중하고 우수하기 때문에 조금만 더 노력하거나 열심히 한다면 더 좋은 성과를 내고 조직 내에서 인정을 받을 것 같다는 생각이 들게 하는 경우다.

이런 구성원에게 긍정적 의도로 조언을 해준다고 해도 본인의 잠재력을 인정해 주어서 감사하다는 인사를 듣기보다는 오히려 잔소리와 간섭으로 느껴 관계가 더 어색해지는 경우들이 흔하다. 이와 같이 리더의 입장에서 안타까운 생각이 드는 구성원을 어떻게 하면 좋을까?

솔루션 1 _ 필수 목표와
선택적 목표를 명확히 구분하라

원래 직장생활의 기본은 주어진 책임을 다하는 것이다. 그 이상으로 노력을 할지 말지의 여부는 선택의 문제인 것이다. 특히 본인이 조금만 더 노력해서 양질의 성과를 내거나 혹은 적극적 자기계발을 통해서 발전된 모습을 보이면 좋겠지만, 이는 본인이 선택할 문제이다. 리더가 무리하게 이를 요구하는 것도 적절치 않으며, 오히려 갈등이나 불편함만 더 유발할 가능성이 높다.

이런 경우 명확하게 필수 목표와 선택적 목표를 구분해 구성원에게 제시하는 것이 효과적이다. 즉 업무상에서 필수적인 책임과 역할 수준을 우선 제시하고, 'if'라는 단서를 달아 좀더 노력하고 몰입했을 때의 이상적 목표를 별도로 제시하되 강요하지는 않는 것이 적절하다. 이와 같이 필수 목표와 선택적 목표를 제시함으로써 구성원은 불필요한 부담이나 압박감 없이 본인이 좀더 노력하고 몰입하는 것에 대해 고려해볼 수 있는 기회를 제공하게 된다.

즉 필수 목표는 반드시 달성해야 하는 수준이며, 선택적 목표는 말 그대로 선택이다. 리더는 구성원들에게 필수 목표의 달성을 요구할 수 있으나, 선택적 목표는 강제할 수 없다. 만약 리더가 선택적 목표를 필수 목표와 구분하지 못하는 경우, 구성원과의 관계에서 무리한 요구를 하거나 불필요한 갈등을 유발할 수 있다.

솔루션 2 _ 노력하지 않는 것은
결국 본인 손해다

현재 수준을 넘어 본인의 성장과 계발을 위해 적극적으로 노력하는 것이 필수적인 것은 아니다. 냉정하게 말하면 현재 수준에서 요구되는 주어진 일을 구체적으로 명확하게 완수해내는 것이 먼저다. 하지만 본인의 성장과 발전을 위한 노력은 장기적 관점에서 유익하다. 만약 이에 동의하지 않거나 선택적 목표를 달성하고자 노력하지 않는다면 결국은 본인 손해인 것이다.

해당 구성원이 당장 그런 노력을 하지 않는다고 해서 올 한 해의 팀 성과에 큰 영향을 미치지도 않는다. 이는 장기적인 성과에 도움이 되는 것이기 때문에 현재의 리더인 당신으로서는 크게 손해 볼 것이 없다. 오히려 이를 답답해하면서 리더의 스트레스가 높아지고 서로 사이가 나빠지는 것이 더 문제이다.

솔루션 3 _ 말을 물가로 이끌 수는 있지만
물을 먹게 할 수는 없다

결국 말을 물가로 이끄는 것까지가 리더의 역할이며 물을 먹고 안 먹고는 본인의 책임인 것이다. 리더가 조금만 더 노력하면 좋을 것 같다고 생각하고, 그와 같은 내용을 전달해도 본인은 이를 잔소리라고 생각하거나 거부하는 경우도 많다. 부하직원들이 내 마음대로 움직여 줄 것이라는 생각을 버려라.

또한 내 생각에 그들도 동의할 것이라는 기대도 버려라. 알고 보면 그들도 그들만의 가치와 기준을 가지고 있을 것이다. 또한 각자 미래에 대한 나름대로의 생각과 계획을 가지고 있을지 모른다고 생각하면 좀더 받아들이기 쉬울 것이다.

리더 본인의 과거를 생각해보라! 상사가 해주는 조언이 감사했는가, 아니면 잔소리처럼 들렸는가? 그리고 그와 같은 조언이 효과가 있었는가, 아니면 스트레스가 쌓이고 짜증이 났는가? 기본적으로 자기 성장과 적극적 계발은 스스로의 내적 동기가 생겨야 하는 것이다.

|

기본적으로 리더가 사람을 바꿀 수 있다는 것 자체가 비현실적인 기대다. 더욱이 내가 낳은 나의 자식도 내 맘대로 안 되는 것이 우리가 사는 세상의 현실이다. 실제로는 리더가 구성원의 내적 동기를 가지도록 돕거나 학습할 수 있는 기회를 제공해줄 수 있을 뿐이며, 그 이상의 변화나 계발의 결과는 본인 스스로의 책임인 것이다.

비록 리더가 모든 구성원을 올바른 방향으로 이끌어가고, 구성원들이 리더의 기대와 노력에 적극적으로 부응하면 좋겠으나 실제로는 그렇지 않다. 엄정한 현실에 바탕을 둔 현실적 목표와 실행이 우선이며, 그 이상의 노력이나 열정은 선택이다.

목표 지향점이 불분명하고 제각각인데 어떻게 할까요?

성과관리를 위한 목표관리

어떤 조직이든 조직은 나름대로의 목적과 방향을 가지며 개별 구성원은 조직의 목적과 방향에 맞추어 행동할 때 가장 큰 성과와 결과를 성취할 수 있다. 따라서 조직은 분명한 목표와 방향을 제시해야 하며, 이에 따라 조직 전체가 유기적으로 행동하는 것이 필요한 것이다.

리더는 이 과정에서 구성원들이 조직의 목표와 방향을 잘 이해하고 이에 맞춘 개인의 목표를 효과적으로 수행하는지 모니터링하고 관리하는 역할을 담당한다.

만약 조직 구성원들이 목표를 잘 이해하지 못하거나 지향점이

각각 다르다고 하면 유기적인 업무 협조나 통합이 제대로 이루어
질 수 없다. 그렇다면 이를 위한 핵심적 단계들은 무엇인지 구체적
으로 살펴보자.

솔루션 1 _ 단위 조직의 목표는
반드시 공유하고 합의해야 한다

조직 내 개인에 대한 목표 부여 방법은 조직 전체의 목표를 단위 조
직별로 할당하고, 이를 다시 개인에게 할당하는 방식으로 진행한
다. 목표 지향점이 불분명하고 제각각이라는 것은 조직의 목표와
개인의 목표를 할당(assignment)하는 과정 자체가 제대로 이루어
지지 않았을 가능성이 높다고 봐야 한다. 그러므로 리더는 이를 우
선적으로 검토해야 한다.

　보통 이와 같은 작업은 연초에 KPI(Key Performance Index)를
정하는 과정에서 많이 이루어진다. 리더는 단위 조직의 KPI를 조
직 구성원 전체와 명확히 공유하고, 이를 세분화해 개인의 특성이
나 역량을 고려해 최적의 업무를 할당하고 부여한다. 이 과정이 명
확하게 이루어지고 서로 간에 합의가 분명히 이루어지는 것이 선
행되어야 한다.

솔루션 2 _ 목표의 지속적인 조율 및 조정이 필요하다

한번 목표를 정한다고 해서 조직 전체 및 구성원들이 이를 모두 기억하고 준수하는 것이 아니다. 진행과정에서 발생하는 다양한 돌발 변인이나 상황적인 요인으로 인해 합의한 목표에 대한 생각이나 판단이 변화하게 된다. 따라서 이를 지속적으로 소통하고, 필요 시 조율하고 조정하는 것이 필요하다.

한 도시의 전반적인 교통 정책이나 방향은 정해져 있으며, 이에 맞추어 도로나 신호체계들이 구성된다. 하지만 출퇴근 시간이나 교통 신호기가 고장이 났을 경우에는 빠른 개입과 해결이 필요하다. 교통 경찰은 소통이 원활한 경우 특별히 개입할 필요가 없으나, 교통량이 너무 많아지거나 혹은 사고 발생 시에는 적극 개입해 원활한 소통이 이루어지게 한다. 리더는 이와 같은 교통경찰의 역할을 수행해야 한다.

리더는 구성원과 사전에 큰 목표와 방향을 설정한다. 하지만 때때로 발생하는 조직 내 이슈에 따라 신속한 판단에 기초해 구성원들의 목표를 조율하고 조정해주는 기능도 해야 한다. 이를 통해 최적의 조직 성과가 도출되는 것이다. 이를 위한 유연한 접근을 주도하는 것이 바로 리더의 역할이다.

솔루션 3 _ 원인을 해결하면
불만은 자연스럽게 해결된다

불만을 해결하는 제일 좋은 방법은 원인을 찾아서 이를 제거하는 방법이다. 목표와 관련된 불만은 명확한 목표 수립 및 공유, 그리고 적절한 조율과 조정을 통해서 원천적으로 발생하지 않도록 할 수 있다. 특히 목표 공유나 할당과 관련된 조직 시스템상의 불만은 조직 체계상의 원인을 해결함으로써 해소될 수 있다.

하지만 시스템적 원인을 해결하는 것은 상당한 노력과 시간이 필요하다. 따라서 이와 같은 조직 구조나 체계상의 원인에 대한 불만은 공감과 이해, 그리고 리더도 시스템적 원인에 의한 같은 희생자라는 동료의식이 위로가 된다.

|

아름다운 연주를 하는 오케스트라 공연을 보면서 청중들은 감동을 받고 힐링을 느끼지만 막상 악기를 연주하는 사람들은 내내 긴장 속에서 타인의 소리와 자신의 소리에 최대한 집중하게 된다. 오케스트라 연주중 쉬는 시간이 되면 악장의 신호에 맞추어 모든 악기들이 튜닝의 과정을 수행한다. 그리고 각 악기들을 연주하는 사람들 중 파트장에 해당하는 사람은 본인들의 연주가 문제가 없는지 더욱 더 관심을 가지고 청취해야 하고 자신이 담당한 악기 연주

자들의 소리에 귀 기울이고 관리해야 한다.

　이와 같이 조직의 성과라는 것은 전체 조직원들이 유기적으로 협력하고 공동으로 작업을 해 이루어지는 것이다. 그 와중에 리더들은 개별 구성원들이 최대의 성과를 발휘할 수 있도록 항상 긴장하고 조율하는 역할을 담당해야 한다. 이러한 책임이 너무 부담스럽고 힘들다면? 그냥 일개 연주자를 하면 된다!

협력적 업무를 잘 못하는
직원은 어떻게 해야 하나요?

개인적 성향이 강한 구성원에 대한 성과관리

과연 조직 내 업무 수행상 팀워크의 중요성이나 비중은 어느 정도 나 될까? 모두 팀워크가 중요하다고 생각하며, 이에 동의하지 않는 사람은 없을 것이다. 하지만 현실적인 이슈가 발생할 경우 이와 관련된 시각 차이가 나타나며, 팀워크의 중요성에 대한 판단은 각자 다르다.

팀워크를 목적으로 하는 회식이나 부서 워크숍에 대한 태도 및 참여도가 다르다. 특히 담당이 애매한 업무를 배정할 때면 이러한 차이가 극명하게 드러나게 된다. 더욱이 업무 자체가 여러 사람들과의 협력과 참여가 필요한 경우, 팀워크나 대인관계에 대한 태도가 결과의 질과 밀접하게 연계된다. 이를 효과적으로 관리하고 개선하는 방법은 무엇일까?

솔루션 1 _ 목표 수립시에
협력과 관련된 지표를 반영하라

조직을 운영하다 보면 아무리 명확하고 구체적으로 팀 내 역할을 정의한다 하더라도 항상 애매하고 정의하기 어려운 역할들이 있기 마련이다. 또한 팀 전체를 위한 제반 활동들은 목표 설정시 구체적으로 반영하기 어렵다. 이를 초기부터 인정하고 팀워크와 관련된 목표 자체를 반영하는 것이 필요하다.

이는 개별적인 미팅에서 논의하기보다는 팀 전체 회의 등에서 모두 함께 있을 때 공표하고 그 원칙을 제시하는 것이 바람직하다. 즉 팀을 운영하기 위해 조직 전체를 위한 기여도와 활동 수준을 고과에 반영한다는 것이 미리 공표되고 합의되어야 한다.

예를 들어 "우리가 모두 한 팀으로 일하다가 보면 팀 전체 수준에서의 기여도나 판단이 필요하게 됩니다. 누구의 책임이나 역할인지 분명하지 않거나 혹은 예측하지 못한 돌발적 이슈가 생길 수도 있기 때문입니다. 이를 누군가는 책임지고 감당해야 하는 것도 현실입니다. 저는 리더로서 이와 같이 팀 전체를 위한 기여도나 활동도 고과에 반영하도록 하겠습니다. 그 비율은 약 10% 정도 수준을 고려하고 있습니다. 물론 이에 대한 기준은 저의 판단과 더불어 여러 사람들의 의견을 적극적으로 청취해 반영하겠습니다." 등과 같이 공표하는 것이 유용하다.

솔루션 2 _ 최소한의 수준을 설정하고 관계 필요성을 설득하라

팀워크나 대인관계 능력은 성격적인 측면과 관련된 요인이기 때문에 쉽게 변화하지도 않고 개선되지도 않는다. 하지만 성격이라고 해서 무조건 모든 것을 용인해 줄 수도 없는 법이다. 따라서 누구나 합의하고 동의할 수 있는 최소한의 요건만 지키도록 설득하고 요구하는 것이 적절하다.

예를 들어 월 1회의 전체 회식에는 참석하기, 상하반기 1회씩 연간 총 2번의 부서 워크숍에는 적극적으로 참가하기, 전체 조직의 관점에서 반드시 필요하다고 하는 협력 행동에 대해서는 따라주기 등 최소한의 수준을 설정하고 이를 확실히 지킬 것을 요구하고 설득하라.

솔루션 3 _ 팀워크에 저해되면
논리적으로 고과에 반영하라

누구나 다 개인적이고 이기적인 욕심이 있다. 번거롭고 애매한 일을 나서서 맡고 싶은 사람은 없을 것이다. 그럼에도 불구하고 전체적인 팀워크 및 협력적 활동에 적극적으로 참여했고, 이를 통해 팀 전체나 업무에 기여한 바가 명백하다면 이는 고과에 반영되어야 한다.

마찬가지로 전반적인 팀워크에 저해가 된 증거들이 분명하고, 이로 인한 성과 부진이 분명하다면 이는 고과를 통해 상응하는 불이익을 주는 것이 합당하다. 다만 이와 같은 기여와 부족의 기준이 애매할 수 있으므로 이에 대한 판단은 다른 고과 평가에 비해서도 더욱 명확한 증거와 논리를 가지고 있어야 한다.

|

신체적인 문제에 대한 판단과 평가방법들은 매우 구체적이고 명확하다. 채혈을 하거나 X-ray나 MRI를 찍어보면 문제가 있는지 없는지를 쉽게 알 수 있으며, 환자도 이에 쉽게 수긍하고 동의한다.

반면에 조직의 문제나 팀워크 및 협력과 같은 심리적인 이슈에 대한 판단과 평가방법은 매우 애매하고 모호하다. 구체적으로 숫자가 나오지도 않으며 대상자도 평가 결과에 동의하지 않는 경우가 많다.

  하지만 그렇다고 해서 팀워크나 협력과 같이 분명히 중요한 요인들을 간과하고 넘어갈 수는 없는 일이다. 따라서 이와 같은 비가시적인 특성이나 상태에 대한 평가의 경우 리더는 훨씬 더 많이 고민하고 준비해야 한다. 리더의 역할이 어렵고 힘든 주요 이유 중하나이다.

상대평가시 평가를 잘 못 받은 직원들과 어떻게 대화하나요?

고과면담 스킬과 노하우

연말이 되면 리더들의 최대 골칫거리 중 하나가 바로 고과면담이다. 모든 구성원들이 원하는 고과를 얻는다면 아무 문제가 없겠지만 상대평가식의 성과평가 시스템하에서는 누군가는 C나 D등급을 받아야 한다. 이 때문에 구성원 본인이 생각하고 기대하는 고과와 실제 받은 고과 간에 차이 나는 경우가 자주 발생한다.

그 중에서도 자신이 기대하던 바에 비해 높은 고과를 받으면 아무 문제가 없겠으나 자신이 기대하는 바에 미치지 못하는 고과를 받거나 상대적으로 낮은 고과를 받은 사람과의 면담은 항상 곤란한 과업이다. 이를 효과적으로 수행하는 방법은 무엇일까?

솔루션 1 _ 증거와 사실에 기반한
철저한 사전 준비가 필요하다

상대적으로 평가가 낮은 사람이나 혹은 기대 이하의 평가를 받은 경우에는 다른 구성원에 비해 보다 체계적이고 철저한 사전 준비가 필요하다. 해당 고과를 부여한 전체적 관점에서의 이유 및 해당 구성원의 수행에 대한 구체적인 피드백을 준비해야 한다.

고과 평가 기간 내에 구성원이 수행한 주요 실적들과 그에 따른 평가 및 기여도 등을 가능한 한 많이 수집하고 분석해 준비하는 것이 필요하다. 이와 같은 내용들은 고과의 부당함을 호소할 구성원 주장에 대응하기 위한 것이기도 하면서 한편으로는 철저한 준비를 통해 리더가 조금이라도 더 평정심을 가지고 면담에 임하도록 하는 기능이 있다.

솔루션 2 _ 장황하게 말하지 말고
짧고 명확하고 굵게 말하라

보통 불편하고 어려운 대화를 하는 경우, 리더가 불편하기 때문에 다소 장황하게 이야기하거나 사족을 다는 경우들이 많다. 그러나 오히려 불편한 이야기일수록 철저한 사전 준비에 기초해 짧고 명확하게 이야기하는 것이 필요하다.

불편한 이야기는 오래 나누어 봐야 감정만 서로 더 상하기 십상이다. 즉 핵심적 내용을 중심으로 명확하고 짧게 논의를 전달하고 추가적 요구가 있을 경우 그에 대해 구체적이고 심층적으로 논의하는 것이 적절하다.

예를 들어 "이번 고과에서 본인이 기대하는 만큼 고과가 나오지 못해서 실망감이 클 것이라 생각해요. 하지만 전체적인 입장에서 객관적으로 평가를 해보니 C등급을 부여하게 되었습니다. 모든 구성원들에게 본인이 원하는 고과를 주지 못하는 점은 개인적으로 안타깝게 생각합니다. 관련해서 본인의 의견을 말해보세요"와 같이 말할 수 있다. 이는 리더가 주도권을 가지고 명확하게 핵심 내용을 전달함과 동시에 면담시 논의 내용에 대해 분명하게 선을 그은 후 대상자의 세부적인 불만이나 의견에 개별적으로 응대하도록 하는 기능을 하게 된다.

솔루션 3 _ 면담의 말미에는 미래에 대해 논의하라

어찌되었든 자신이 기대하는 수준보다 낮은 고과를 받고 좋아할 직원은 없을 것이다. 그리고 과정상 리더가 아무리 철저한 사전 준비를 하고 잘 설득하더라도 이를 100% 수용하고 인정하기도 힘들다. 만약 이대로 면담을 종결한다면 어떻게 될 것 같은가? 아마도 그 직원은 다소 억울하고 납득이 되지 않으나 어쩔 수 없는 상황이므로 매우 불쾌하고 기분이 나쁜 상태로 면담 장소를 나가게 될 것이다.

그런데 문제는 그 이후가 더 심각하지 않을까? 찝찝하고 불쾌한 기분으로 자리에 앉는다고 해서 본연의 업무에 다시 집중하거나 열정적으로 일할 마음이 나겠는가? 아니면 기분 나쁜 감정과 부정적인 생각들이 계속되겠는가? 이런 이유로 고과 면담의 마무리는 최대한 긍정적 미래에 대한 적극적 논의를 통해서 부정적 감정을 중화시킬 필요가 있다.

비록 불편하고 어려운 이야기를 했으나, 고과면담의 목적이 올해의 수행을 반성하고 차년도 및 다음 평가시까지의 계획을 수립하는 것이며, 이를 위해 긍정적이고 발전적 논의를 한다는 점을 잊지 말자!

예를 들어 "물론 올해는 충분히 본인이 원하는 만큼의 고과를 얻지 못했지만 내년에는 우리가 좀더 분발하겠다는 다짐을 하는 계기가 되었으면 합니다. 특히 OOO씨의 경우 기본적으로는 기획력과 문제해결력이 우수해 올해도 관련 업무들은 탁월하게 수행했습니다. 그 점은 높이 평가합니다. 이에 더해 개선이 필요하다고 지적된 업무 정교성과 치밀함을 좀더 보완한다면, 작업의 품질도 높아지고 내년에는 더욱 좋은 성과를 보일 수 있을 것으로 생각합니다. 관련해서 내가 도와줄 수 있는 부분이나 필요한 교육이 있다면 언제든지 요청하세요. 리더로서 제가 적극 도와 드리겠습니다. 내년에도 열심히 해봅시다!"라는 말로 마무리하는 것이 필요하다.

|

　대학교 강의를 하던 시절, 학생들의 성적이 발표되고 나면 거의 반수에 가까운 학생들이 본인의 점수에 이의를 제기하며 찾아오는 모습에 당황했던 적이 있다. 첫 강의시 호되게 당하고 나니 그 다음 학기 강의부터는 학기 초에 성적 평가 원칙을 확실하게 공표함과 동시에 철저한 출결관리는 물론 보고서나 기타 과제에 대해 정해진 기준에 의거해 냉정하게 평가를 할 수밖에 없었다.

　또한 중간과 기말고사에 대한 세부 평가 가이드까지 철저하게 준비해 성적 때문에 찾아오는 학생들과 전쟁을 치루었던 기억이 있다. 학생들의 학사관리도 이런 정도인데 나의 연봉과 직장에서의 인정 등이 관련된 고과에 대해서는 얼마나 더 심각하게 생각하고 달려들겠는가? 한 번도 교수님이 주는 학점에 대해 토를 달아본 적이 없는 대학생활을 보낸 리더들이라면 더욱 더 진지하게 고민하고 준비해야 하는 이유이다.

새로 합류한 구성원, 어떻게 관리해야 하나요?

새 구성원에 대한 객관적 평가 및 관리

리더의 입장에서 새로운 구성원을 선택하고 받아들이는 것은 항상 어려운 문제다. 이전에 함께 근무했던 리더나 다른 사람들로부터 좋은 평판이 많았거나 혹은 면접에서 충분히 긍정적으로 판단되었는데, 막상 근무를 시작하고 나서는 예상치 못한 다른 모습을 보이는 경우를 흔히 보게 된다.

충분한 평판 조회를 하고 선발한 사외 경력사원 선발이나 혹은 사내 이동을 통한 선발의 경우에도 실제 근무하면서 이전 평가와는 다른 모습에 당황하게 되기도 한다. 이전의 리더나 동료들로부터 충분히 긍정적인 평가를 받았음에도 불구하고 왜 우리 조직에서는 다른 결과를 보이는가? 과연 이전에 내린 평가들이 잘못된 것일까? 아니면 내가 무엇인가를 잘못한 것일지 고민하게 된다. 이는 단순히 평판 조회, 혹은 정보 수집의 문제가 아니라 상황적 특성을 배제한 엄정한 객관적 평가 및 중도 합류한 인력에 대한 효과적 관리와 관련된 문제로 보아야 한다.

솔루션 1 _ 모든 대인관계는 역동적 상호관계이다

모든 대인관계는 상호 간의 특성 및 환경이나 상황이 반영된 역동적 상호작용이다. 한 사람의 역량 자체를 판단하는 것과 실제 업무 수행상의 결과를 보이는 것과는 다른 것이다. 우수한 자원을 가지고 있는 사람이 환경이나 상사, 동료와의 코드가 맞지 않아서 충분히 자신의 잠재력을 보이지 못하는 경우도 있다. 반대로 좋은 상사나 동료의 적절한 지원을 통해 자신의 잠재력에 비해 훨씬 더 좋은 성과를 보일 수도 있는 것이다.

한 개인의 실제적인 수행 결과를 정확하게 예측하기 위해서는 첫째, 해당 구성원에 대한 객관적이고 명확한 능력에 대한 평가가 선행되어야 하며, 둘째, 함께 일하는 상사 및 관련된 업무 파트너들의 성향들도 고려해야 한다. 마지막으로는 업무 환경이나 업무 특성이라는 3가지 요소들을 종합적으로 고려해 판단해야 하는 역동적 상호작용 관계이다.

솔루션 2 _ 상사와 구성원 간에도
궁합이란 것이 존재한다

그럼 최적의 결과를 보이는 관계는 어떤 것일까? 이에 대해 정해진 정답은 없다. 성격 유형에 따른 업무 수행 관련 워크샵 등에서 흔히 받게 되는 질문이 "저와 맞는 성격유형은 무엇입니까?"라는 것이다. 즉 자신과 가장 잘 조화를 이루어 공동의 성과를 내는 데 최적의 유형은 무엇인지에 대해 궁금해 하는 것이다.

그러나 이에 대한 정답은 '유형'에 있지 않고 '태도'에 있다. 같거나 유사한 유형의 사람들끼리는 전체적으로 일하는 방식이 비슷하기 때문에 갈등이 적을 수 있는 반면 상호 간에 보완적인 측면이 부족할 수 있다.

반면 상당히 다른 유형의 사람들끼리는 일하는 방식상에서는 차이가 있어 갈등의 소지가 많은 반면에 상호 간에 보완적인 측면이 많이 존재하게 된다. 즉 유형 간의 차이나 차별점에 초점을 두는 것이 아니라 '갈등'의 원천이 될 것인지 혹은 '보완'의 시작이 될지를 파악하는 것이 중요하다.

이를 결정짓는 것은 유형 자체보다는 상호 간의 차이점을 이해하고 수용하며, 이를 상호 간의 보완점으로 승화해 더 좋은 결과를 만들어내고자 하는 의지와 태도다. 이를 업무상의 궁합이라고 칭할 수 있다.

솔루션 3 _ 업무상 궁합은
노력을 통해 개선할 수 있다

우리가 일반적으로 말하는 궁합이란 생시를 가지고 판단하는 운명론적 관점의 판단이다. 하지만 업무상에서의 궁합은 충분히 '노력'을 통해서 개선이나 변화가 가능하다. 그럼 궁합을 개선할 수 있는 방법은 무엇인가?

일단은 나의 리더십상 특징에 대한 분석과 구성원의 성향에 대한 정확한 정보가 선행되어야 한다. 나의 리더십이 주도적으로 상황을 이끄는 스타일이라면, 구성원이 상황이나 리더에게 맞추어 행동하는 경향을 보이는지 아니면 본인도 주도적이어서 리딩하고자 하는 리더와의 관계에서 갈등을 자주 일으킬 수 있는지에 대해 판단해야 한다.

두 번째는 이와 같은 특성 분석에 기초해 상호 간의 시너지 효과 및 잠재적인 갈등 가능성을 미리 예측하는 것이다. 리더와 구성원 모두 주도적 성향이라면 서로 부딪칠 가능성을 염두에 두고 이에 대해 대비해야 한다. 또한 두 사람 모두 논리적 성향이 강하다면, 논리의 내용이나 전개방식이 상이한 경우 갈등의 소지가 될 수 있음을 고려해야 한다.

세 번째는 예측되는 잠재적인 갈등에 대한 대비책과 구체적이고 현실적인 대안이나 노력 방법들을 선정하고 이를 실천하는 것이다. 주도적인 성향이 강한 사람들 간에는 업무를 구분해 주요 책임이나 역할을 분배하는 것이 좋으며, 논리적인 성향이 강한 사람들 간에는 사전에 충분한 토론과 논의를 거쳐 서로의 생각이나 원칙들을 조율하는 것이 좋다. 이와 같은 노력들은 결국 업무 수행의 효율성을 높이고 더 좋은 성과를 내도록 한다.

|

리더십 교육에서 종종 근본적 차원의 질문을 던지는 경우들이 있다. 예를 들면 "그런데 왜 리더가 굳이 구성원의 특성을 분석하고 그들과의 궁합을 맞추어가야 합니까? 그들이 저에게 맞추어야 하는 것이 아닙니까?" 등의 질문이 그에 해당한다. 이에 대한 나의 대답은 "리더 마음대로 하십시오!"이다.

리더가 구성원의 특성이나 성향을 분석해 궁합을 맞추려 하고, 이를 통해서 최적의 결과를 도출하고자 하는 노력을 할 수 있다. 아니면 굳이 이런 노력 없이 리더의 방식에 따라 일방적으로 리드할 수도 있다. 어떤 방법을 사용할지는 정해진 것이 없으며, 단지 '리더의 선택'일 뿐이다. 만약 굳이 구성원에 대한 분석이나 궁합을 맞추기 위한 노력을 하기 싫다면 안 해도 된다. 그런 경우 리더의 강력한 지시와 리드에 따른 빠른 일처리와 신속한 성과 달성이 가능할 것이다.

하지만 구성원들은 리더의 지시에만 따라 움직이는 수동적인 경향이 높아질 것이고 스스로 성취감을 느끼거나 만족감을 느끼지 못할 가능성도 높아진다. 반면 구성원의 성향을 궁금해하고 거기에 맞추어 최고의 시너지를 내려고 노력하는 리더라면, 구성원에게 성취감과 만족을 제공해줄 뿐 아니라 그들의 내적인 열정과 몰입을 이끌어낼 수 있을 것이다.

당신은 어떤 결정을 할 것인가? 그것은 당신의 선택일 뿐이다!

성과가 우수한 직원,
어떻게 관리해야 하나요?

성과 우수 직원에 대한 관리 방안

리더가 흔히 보이는 잘못된 행동 중 하나가 발생한 문제를 해결하는 방향으로 에너지를 집중하는 것이다. 또 다른 하나는 일을 잘하거나 성과가 우수한 구성원을 혹사하는 것이다. 과도한 업무가 일상적인 상황에서는 어쩔 수 없이 현실적이고 시급한 이슈와 문제들을 해결하는 데 초점을 둘 수밖에 없다.

또한 제한된 자원과 인력을 가지고 몰려드는 업무를 감당하려다 보면 일을 잘하는 직원에게 자꾸 일을 주게 되는 것은 자연스러울 것이다. 문제는 그 과정에서 성과가 우수한 직원들, 혹은 고성과자라고 불리우는 인력들이 쉽게 피로감을 느끼거나 업무에 비해 충분한 인정이나 관심, 그에 상응하는 적절한 보상과 대우를 받는다고 느끼지 못한다는 점이다. 즉 리더가 현실적이고 긴급한 이슈에 집중하고 문제 직원들 관리에 에너지를 쏟고 있는 사이, 조직 전체 차원에서 묵묵히 업무를 처리해나가고 있는 구성원들은 상대적인 박탈감을 느낄 수 있다는 점을 기억해야 한다. 이들에 대한 효과적인 관리 방안은 무엇일까?

솔루션 1 _ 뛰어난 성취의 이면에는 엄청난 노력이 있다는 것을 잊지 말라

학교에서 공부를 잘하는 학생들은 그냥 되는 것이 아니다. 그들은 스스로 높은 목표를 설정하고 이를 달성하고자 많은 시간과 노력을 투자해야 한다. 일반적인 학생들이 PC방에 가고 친구들과 놀러 다닐 때에도 그들은 적절한 자기관리와 통제력으로 이를 극복하면서 열정적으로 공부하고 몰입한다. 그래야만 좋은 성적을 받을 수 있는 것이다.

다만 공부의 경우에는 어떻게 해야 잘하는지, 그리고 목표를 달성하는 방법들이 무엇인지가 비교적 간단하고 명확하다. 또한 중간고사나 기말고사에서 좋은 성적을 받으면서 스스로 만족하거나 혹은 주변에서 긍정적인 피드백과 인정을 받기가 쉽다.

반면 회사에서의 고성과자가 되는 과정은 훨씬 더 복잡하고 정교한 과정을 거쳐야 한다. 단기간 내에 명확한 양적인 가치나 혹은 인정이 생기지 않는 장기적이고 복합적인 프로세스다. 업무상 고성과 혹은 우수한 성과를 보이는 것은 과정상 쉽게 성취감이나 만족감을 경험하기 어렵다. 이 때문에 리더의 적극적인 모니터링과 피드백 및 관리가 필요하다.

솔루션 2 _ 착실한 자식도
서운하면 삐딱하게 행동한다

내적인 동기와 열정을 가지고 열심히 하거나 리더가 긍정적으로 생각해줄 것이라 생각하던 구성원도 지치고 힘들 때가 있다. 고품질의 성과를 지속적으로 내는 것은 당연히 힘든 일이다. 이는 더 많은 좌절이나 스트레스를 경험할 수 있다는 말로도 해석될 수 있으며, 일반적인 경우보다도 더 높은 수준의 열정과 노력을 투여하고 있다는 것이다.

때로는 내적인 열정이나 기준만으로 버티기 힘들 때도 있다. 이럴 때에는 외적인 강화, 즉 리더의 인정과 관리가 절실한 시기다. 이와 같은 시기에 리더가 인정과 관리를 적절하게 제공한다면 그들은 다시금 열정을 회복해서 업무에 몰입할 것이다. 반면에 지치고 힘든 고성과자에게 적절한 심리적 보양과 지원이 제공되지 않는다고 하면 그들은 결국 심리적 에너지와 일에 대한 열정이 다 소진될 수밖에 없다.

그 결과 이전과는 다르게 일에 대한 몰입이 현저하게 떨어지거나 업무 효율성이 저하되며, 더욱 심한 경우에는 팀을 바꾸거나 혹은 퇴사를 고려할 수도 있다. 리더가 이와 같은 행동의 원인을 정확하게 인지하고 관리하지 못한다면 결국 소중한 우수 구성원을 놓치게 될 것이다.

솔루션 3 _ 있을 때 잘해야
소중한 사람이 내 옆에 머문다

나의 심리적 에너지를 누구에게 투자하는 것이 적절한가? 당연히 나에게 소중하고 중요한 사람에게 투자하고 노력하는 것이 맞을 것이다. 이를 분명히 알고 있음에도 불구하고 우리는 종종 소중한 사람들의 가치와 소중함을 쉽게 잊는 나쁜 버릇이 있다.

고객에게는 나의 요구를 모두 접으면서도 그들의 요구에 맞추어 행동하고자 노력한다. 하지만 나에게 가장 소중하고 중요한 가족에게는 오히려 내 마음대로 하거나 혹은 쉽게 짜증을 내기도 한다.

우리 조직에 가장 큰 기여를 하면서도 투정 한 번 없이 묵묵히 자기 일을 해내고 있는 구성원의 소중함을 잊기 쉽다. 오히려 그들의 사소한 잘못이나 문제에 대해서는 쉽게 지적해서 더 큰 스트레스와 좌절을 주기 쉽다.

투정하지 않고 묵묵히 자기 일을 해내는 구성원도 사람이며 힘들고 지친 직장인 중 한 명이다. 그들은 많은 인정과 지지를 원하지도 않는다. 단지 리더가 좋은 마음으로 나를 지켜보고 있으며, 그들의 기여와 공헌을 알고 있고, 그에 대해서 인정하고 있다는 것을 전달해주는 수준이면 충분하다.

지친 어깨를 토닥이면서 "고생 많지? 그래도 항상 ○○씨 때문에 든든해! 내가 많이 감사해하고 있는 거 알지?" 정도의 표현이면 충분하다. 이 정도의 노력도 기울이지 않는다면 그들이 먼저 당신을 버리고 떠날 수 있음을 기억하라.

|

리더가 된다는 것은 조직 내에서 충분히 인정받고 성공했다는 것이다. 여러분들이 성공을 하게 되었던 과정을 되돌아보라.

개인적으로 많은 즐거움을 희생하고 더 많은 열정과 노력을 기울이면서 여기까지 오지 않았던가? 그때 당신은 어떤 감정과 생각을 했는가? 되돌이켜 보면 종종 지치고 힘들지 않았는가? 그때 당신은 리더에게 어떤 것을 기대했는가? 혹은 리더가 해주었던 어떤 행동들과 어떤 말들이 당신에게 새로운 열정을 부어주면서 다시금 열심히 하도록 동기를 부여했는가? 묵묵히 자신의 책임을 다하는 고성과자나 혹은 우수한 성과를 보이는 구성원들도 인정과 관심에 목마르다.

다만 그들은 그런 불평마저도 하지 않을 정도로 우수할 뿐이다. 과연 이들을 어떻게 대해야 하겠는가? 그들에 대한 적절한 인정과 관리는 지치고 힘든 고성과자를 위로하는 기능을 한다. 그리고 그들은 이를 기반으로 해 더욱 고품질의 성과를 창출할 수 있을 것이다.

바쁠 때 교육을 가겠다고 요청하는 직원, 어떻게 하나요?

성과와 교육 간의 관계 및 효과적인 교육 제공 방안

업무상 교육이나 훈련이 중요하다는 점은 그 어느 누구도 부인할 수 없을 것이다. 그러나 어떤 교육을, 그리고 어느 수준으로 이를 제공해야 하는지에 관해서는 뚜렷한 정답과 원칙이 없기 때문에 '교육과 훈련의 적정 수준'에 대해서는 논란이 있을 수 있다. 특히 업무가 밀려들고 바쁜 시기에 교육이 잡혀 있거나 혹은 교육을 가겠다고 하는 구성원이 있다면 리더의 고민은 더욱 깊어진다.

또한 구성원에 따라서 교육을 제공하려고 해도 어떤 구성원은 이를 귀찮아하면서 안 가려고 해서 문제고, 다른 구성원은 너무 많은 포괄적인 교육을 원해서 문제이기도 하다. 장기적인 관점에서 성과향상과 역량계발을 위해서 교육이 필수적이기는 하다. 그러나 교육과 업무 간의 적절한 균형과 조화, 그리고 적절한 교육 내용 제공 등은 리더의 고민이 필요하다.

솔루션 1 _ 교육과 훈련은
필수적 업무 과정이다

당연히 교육과 훈련은 필요하다. 교육은 장기적인 관점에서 구성원의 역량과 업무 능력을 향상시키며, 이는 구성원의 성장과 조직의 성과 확대와 밀접하게 연결되어 있다. 따라서 교육은 필수적으로 업무 수행과 병행되어야 하는 과정임에는 틀림없다.

이에 관해서는 전혀 의심을 하지 말라. 다만 교육의 내용과 범위에 대해서는 리더의 판단이나 생각이 다르고 구성원의 요구나 기대가 다르기 때문에 이에 대한 조율과 타협이 필요하다.

그럼 어떤 교육을 받고 언제 받아야 하는가? 보통 초등교육과정이나 중등교육과정의 경우에는 교과과정 자체가 정해져 있거나 혹은 본인의 선택이 제한되어 있는 경우가 대부분이다. 그러나 대학교 이상의 교육과정에서는 일방적이고 정해진 과정을 따르기보다는 본인이 선택하는 비율이 높아져, 최소한의 틀 내에서 본인이 필요한 과정을 선택해 수강하는 방식을 따르게 된다.

회사에서의 교육도 마찬가지다. 조직에 처음으로 들어온 경우나 혹은 역량 수준이 부족한 경우에는 리더의 주도하에 필수적 과정을 적극적으로 참가하도록 유도하는 것이 필요하다. 반면에 일정 수준 이상의 경험과 경력이 쌓인 대상자들에 대해서는 본인 스스로 교육의 내용과 방법을 선택하는 것이 적절하다.

리더는 이와 같은 기본 전제하에 조직이 허락하는 한(예산 및 시간 등)에서 필수적으로 교육을 활용해야만 한다. 교육이 필요 없다거나 교육의 중요성을 간과하는 것은 잘못이다.

솔루션 2 _ 리더는 교사가 아니다.
업무를 우선해 리드하라

현장에서 리더들을 상담하거나 코칭하는 중에 보면 오히려 교육을 못 받게 하는 리더보다 교육을 강조하는 리더들이 더욱 문제인 경우를 자주 보게 된다. 교육의 중요성을 인정하지 않거나 혹은 교육받는 것에 대해서 부정적인 리더의 경우 사내 HRD에서 필수 직무교육 등으로 이를 보완해준다. 이들은 교육의 중요성을 설득하고 납득시키면 금방 해결이 된다.

오히려 너무 열정적으로 교육에 관심을 두고 이를 독려하는 리더가 더 해결하기 어렵다. 본인의 의도와는 다르게 구성원이 부정적으로 반응하거나 구성원은 교육을 업무 가중으로 느껴 스트레스가 증가되는 경우가 많다.

특히 일을 하는 과정을 통해 교육과 학습이 이루어진다고 믿는 리더의 경우 본인도 좌절하고 구성원도 힘들게 하는 부정적 결과를 초래하기 쉽다. 이들의 특징 중 하나는 장기적인 관점에서 필요한 교육을 구성원의 동의 없이 일방적으로 강요한다는 것이다. 혹은 업무상 배려 없이 교육을 추가적으로 부가하는 경우가 많다.

물론 이들은 그들의 동의를 얻었다고 말한다. 하지만 구성원들은 진심으로 동의했다기보다는 어쩔 수 없이 동의했거나 혹은 리더의 은근한 강요에 동조한 경우가 많다. 본인의 업무도 많고 구성원도 벅찬 업무 속에서 교육은 또 하나의 추가 업무로밖에 느껴질 수 없다면 굳이 강요할 필요가 없다.

솔루션 3 _ 말이 물을 마실지 말지에 대해서는 상관하지 말라

마부가 말을 물가로 이끌고 갈 수는 있으나 물을 마실지 말지는 결국 말이 결정하는 것이라는 점을 반드시 기억하라. 리더의 역할은 말을 물가로 끌고 가는 역할, 즉 교육이 필요해보이는 구성원에게 적절하게 교육을 가이드하고 교육 참가나 훈련을 권유하는 수준이면 충분하다.

막상 물을 마시고 안 마시고는 말이 결정하는 것이며 억지로 물을 먹게 하는 방법은 없다. 억지로 물을 마시게 하려면 물에 빠트려서 강제로 물을 먹이게 해야 하는 무리수를 둘 수밖에 없다. 즉 물을 마시고 안 마시고는 말이 결정하듯이 궁극적으로 교육의 선택과 수료는 구성원 본인이 결정하는 것이다. 다만 사람은 말과 달라서 지금쯤 물을 먹는 것이 다음 일정을 고려할 때 필요하다고 설득하거나 혹은 목이 마르도록 인지적으로 이해시키는 것은 가능하다.

그럼에도 불구하고 굳이 지금 당장 물을 먹지 않겠다고 하는 말은 어쩔 도리가 없다. 다음 여정중 목이 말라서 스스로 고생하면서 후회하는 길만이 남아있는 것이다. 나중에 생각해보면 본인 스스로 그때 좀더 노력할 것이라고 후회를 하게 될 것이다.

하지만 지금은 그 필요성이나 중요성을 못 깨닫는 것도 그들의 한계인 것이다. 교육에 대한 지나친 강요나 압박은 오히려 리더와의 전반적 관계에 부정적인 영향을 미치며, 교육뿐 아니라 다른 업무상 관계에 대해서도 부정적 영향을 끼칠 수 있다.

|

후회와 반성은 항상 나중에 오는 법이다. 나중에 학창시절을 되돌이켜 보면, '그때 조금 더 노력했으면 지금은 더 달라져 있지 않을까' 생각하게 된다. 그렇다고 해서 지금 학창시절을 보내는 학생

들에게 나중에 후회하니 지금 열심히 공부하라고 진심 어린 조언을 해봐야 잔소리와 간섭이라고 생각할 뿐이다. 오히려 이와 같은 잔소리와 간섭이 심해질수록 아예 귀를 닫고 다른 말조차도 듣지 않는 것이 인지상정이다.

'평행선의 오차'라는 표현이 있다. 지금은 동일한 평행선으로 보이고 그 오차를 느끼지 못하지만 이 평행선의 길이가 길어질수록 그 오차는 점차로 커지게 된다. 현재의 사소한 차이를 인식하고자 노력하고 그것을 인지할 수 있는 것도 능력이다.

이와 같은 능력을 가진 구성원에 대해서는 교육과 훈련을 통해 노력하도록 격려하면 된다. 그리고 이들에 대한 투자와 노력은 그들의 성장과 발전이라는 보람과 선물로 되돌아오게 된다. 교육과 훈련은 리더의 다른 접근과 마찬가지로 원하는 사람 중심의 상호적 접근과 교류가 적절하다.

교육을 원하는 구성원에 대해서는 적극적으로 가이드하고 투자와 노력을 기울이지만 그렇지 않은 구성원에 대해서는 건강한 포기를 하는 것이 효과적이다. 궁극적인 성장과 계발은 그들의 몫이고 그들이 감당해야 하는 결과다.

변화관리란 사회적 환경 및 업계의 변화에 대해 인식하고 이에 대해 적극적으로 대응하는 것으로서, 구체적인 변화 요건과 필요성에 대한 인식에 기반해 새로운 변화 및 환경에 적응하는 능력을 지칭한다.

리더는 사회적 변화 및 비즈니스 환경 변화에 대해 적극적인 대응을 해야 할 뿐 아니라 구성원들에게도 어떤 변화가 닥쳐올지 예측하고 대비할 수 있도록 지원하고 관리해야 한다.

변화를 준비하는 리더

리더의 변화관리

더는 못한다고, 이 정도면 되었다고 생각할 때

그 사람의 예술인생은 거기서 끝이다.

– 강수진(세계적인 발레리나) –

이제 앞으로 직장생활을
얼마나 더 하게 될까요?

리더의 생애경력계발

2015년을 기준으로 모 채용업체에서 조사한 바에 의하면 우리나라 직장인들의 체감 퇴직연령은 52세이나 통계청에서 발표한 실제 평균 퇴직 연령은 49세라고 한다. 또한 전체 직장인 중 정년퇴직으로 직장을 퇴직한 비율은 8.1%에 불과한데, 이는 공기업이나 공무원들을 포함한 숫자이므로 실제 민간 기업에서의 비율은 훨씬 낮을 것이라고 추정할 수 있다.

이제는 평생 직장이라는 개념도 많이 희박해졌을 뿐 아니라 '언제까지 직장생활을 할 수 있을까?' 하는 불안감 속에서 하루하루를 보내는 것이 현실이다. 이와 같은 현실에 어떻게 대처해야 할까?

솔루션 1 _ 현실을 회피하지 마라.
회피한다고 해서 바뀌지 않는다

냉정하게 말해서 현실은 바뀌지 않는다. 현실을 먼저 인정하는 것이 필요하다. '아마도 나는 그에 해당하지 않겠지'라는 막연한 생각으로 현실을 회피하는 것은 도움이 되지 않는다. 이는 일시적으로 불안감을 감소시킬 뿐 근본적인 해결책이 아니다.

최근 비즈니스 환경 변화나 조직 생태의 변화를 고려할 때, 앞으로는 이와 같은 고용 불안정성이 더욱 심화될 것이라 예상할 수 있다. 따라서 이에 대한 적절한 준비와 적극적 대응을 통해 모호한 불안감을 해소하고 실제적 대책을 모색하는 것이 현실적 대응인 것이다.

이런 현실을 무시하거나 회피한다고 해서 해결되는 문제는 아무 것도 없다. 반면 적극적으로 이를 수용하고 조금이라도 먼저 준비하는 사람만이 이런 현실을 극복할 수 있는 것이다. '그래도 나는 안정적인 회사에 근무해서 큰 탈이 없으면 정년퇴직을 할 수 있을 거야!'라는 생각도 안일한 생각이다. 이제는 평균 수명이 80세가 넘어선 상태로, 60세에 정년 퇴직을 한다고 해도 10년 이상 무언가 일을 해야 한다는 것이 팩트이다. 이런 현실을 안 보고 싶어한다고 해서 세상이 변하지는 않는다.

솔루션 2 _ 일단 현재에 집중하고
최선을 다해 노력하라

그렇다면 적극적인 대응의 첫 단계는 무엇일까? 일단은 현재의 업무와 역할에 최선을 다하는 것이다.

현재 업무에 대한 최선이 효과적인 대응인 이유는 첫째, 가장 효과적인 자기계발은 현업을 통한 성장이며, 둘째, 좋은 경력과 우수한 성과는 향후 어떤 대안을 선택하든 도움이 되기 때문이다. 즉 현재 업무에 대한 철저한 수행을 통해 직무능력 계발과 향상에 힘써야 하며, 이는 향후 다른 조직에서 관련 업무를 수행하는 데도 큰 도움이 된다. 또한 피치 못하게 이직을 해야 할 경우가 발생한다면 이직을 위한 이력서 및 직무기술서에 채울 수 있는 다양한 업적들을 축적할 수도 있다. 이와 같은 이유들 때문에 현재 업무에 더욱 충실해야 하며, 어느 조직에서든 통용될 수 있을 정도의 업적과 성과를 만들어가야 한다.

'배운 것이 도둑질'이라는 말이 있다. 오랫동안 한 종류의 일을 한 경우, 습관적으로 반응하고 행동하게 되는 것을 일컫는 말이다. 후일 내가 지금의 회사를 떠난다고 해도 지금의 일과 관련된 일을 하는 것이 가장 효율적이다. 만약 이 일을 하고 싶지 않다면? 새로운 도둑질을 지금부터 연습해서 진정한 내 것으로 만드는 노력이 병행되어야만 한다.

솔루션 3 _ 경력과 관련된
다양한 대안을 준비하라

현재 자신이 담당하는 업무에 충실함으로써 스스로의 기본기와 업적을 축적하면서 다른 한편으로는 다양한 대안을 준비하는 것이 필요하다. 여기서 다양한 대안이란 향후 본인의 미래에 대해 설계하고 이에 대한 구체적인 준비를 하는 것이다. 구체적인 준비가 필요한 대안들은 크게 조직 내에서의 계획과 조직 밖에서의 계획으로 나뉜다.

첫째, 조직 내에서 나의 경력을 계속해서 유지하는 경우, 어떤 방법과 경로가 있으며, 각 대안의 현실가능성과 장단점, 그리고 그에 따라 준비해야 할 것은 무엇인지를 고려해야 한다.

둘째, 조직 밖에서의 계획은 '내가 만약 6개월 후 직장을 그만둔다면'이라는 가정하에 어떤 대안이 있을 수 있는지를 고민하는 것이다. 이와 같은 고민을 통해 나온 각각의 대안을 위해서 필요한 능력과 자원을 확보하도록 하라. 다만 막연하고 피상적인 준비 말고 배수진을 치는 마음으로 실전처럼 준비하라. 경력 관련 대안 준비 및 그에 대한 투자에 대해 본인 에너지의 10%만 투자하면 된다. 아마도 미래에 대한 막연한 불안감이 감소하고 현재의 업무와 미래에 대한 자신감이 좀더 향상될 것이다.

부장급 리더들과 코칭을 할 때 대놓고 다음의 질문을 한다. "앞으로의 목표가 어떻게 됩니까? 이 조직 내에서 임원을 할 예정입니까? 아니면 이 정도에서 회사를 정리하고 다른 길로 가실 겁니까?"

이와 같은 직접적인 질문에 리더들이 당황하기도 하지만 대부분은 상당히 진지한 태도로 이를 고민하는 자세를 보인다. 그만큼 리더들의 입장에서는 중요한 질문이기는 하나 한편으로는 회피하고 싶은 질문이기 때문일 것이다.

리더가 불편할 수 있음에도 불구하고 이와 같은 직접적이고 도전적인 질문을 던지는 이유는 이에 대해 준비가 필요한 시기가 도래했기 때문이다. 현재의 안정감과 매너리즘은 미래의 부적응을 만들어내는 가장 큰 적이다.

자신의 미래를 현재 조직 내에서 계획하든 아니면 현 조직을 벗어난 다른 대안을 고려하든 간에 앞으로의 경력에 대한 처절한 고민과 준비는 필수적인 것이다. 현재의 상태에 안주하면서 이 문제들을 회피할 것인지, 아니면 적절한 긴장감을 유지하면서 미래를 준비할 것인지는 본인의 선택이다.

변화에 대한 스트레스가 큽니다, 꼭 변해야 되는 건가요?

변화관리의 필요성 및 중요성

'변화피로증후군'이라는 표현을 쓸 때가 있다. 하도 주변에서 혹은 조직 내에서 변화해야 한다고 강요하고 또 이에 맞추어 노력을 하다 보면 '변화'라는 말만 들어도 피로감이 몰려오는 듯한 느낌을 받게 된다. 왜 이렇게 '피로감'이 들 정도로 변화에 대해 강조하고 강요하는 것일까?

아마도 그 이유는 첫째, 변화라는 것이 정말 중요하며, 둘째, 그럼에도 불구하고 잘 변화하지 않기 때문일 것이다. 그런데 변화가 과연 정말 중요하고 필요한 것인가? 그렇다면 어떻게 변화하는 것이 좋을까?

솔루션 1 _ 정 싫으면
변화하지 않아도 된다

정 싫으면 변화하지 않아도 된다. 인생 살아봐야 얼마나 산다고 굳이 그렇게 고생하면서 살 필요가 있는가? 그냥 현재에 만족하고 최선을 다하는 수고와 노력 정도만 하면서 살아도 된다.

다만 일을 그만 두어도 먹고 살만한 충분한 재산이나 여유가 있다면, 혹은 몇 년 후에는 일을 그만두고 세상과 동떨어진 나만의 세상에서 홀로 살 생각이라면 맞는 말이다. 하지만 앞으로도 계속 의미 있는 일을 하면서 사회에서 인정받는 존재로 남고 싶다면 변화하는 것이 맞다.

리더가 신입사원이었던 시절을 떠올려보라! 그 당시 조직 분위기나 일하는 방식을 기억하는가? 현재와 비교해본다면 엄청나게 달라져 있는 것을 느낄 것이다. 이에 더해 앞으로 정년이 10년 이상 남았다고 하면 10년 후에는 비즈니스 환경이 얼마나 달라지며 일하는 방식이 어떻게 달라질지 예상해보라.

아마 가장 확실한 예상은 '어떻게 변화할지 정확히 예측하기는 어려우나 현재와는 매우 달라져 있을 것이다!'이다. 즉 지난 몇십 년 동안도 무척 많은 변화가 있었으며, 향후에는 더 빠른 속도로 변화가 이루어질 것이라 예상할 수 있다. 만약 10년 후에도 현재와 같은 비즈니스 세계의 중심에서 중요한 역할을 하고 싶다면 변화

무쌍한 세상의 흐름에 맞추어 가야만 하지 않을까? 이래서 변화가 필요한 것이다.

솔루션 2 _ 모든 변화는
작은 실천에서 시작된다

문제는 자신에게 변화가 필요하다는 것이 머리로는 이해되지만 실제로 실천하고 행동하기는 어렵다는 데 있다. 이와 같이 분명히 알고 있음에도 불구하고 행동적 실천이 되지 않는 가장 큰 이유는 변화에 대한 부담감 때문이다. 즉 변화하기 위해서는 많은 고민을 해야 하고 상당한 노력과 행동을 해야 한다고 생각하기 때문에 막상 이를 시작하자니 어디서부터 어떻게 해야 할지 혼란스럽기 때문이다.

그러나 실제 변화는 작은 변화를 위한 작은 노력에서 시작하는 것이다. 거창한 변화 목표를 설정하더라도 이는 결국 구체적이고 세분화된 하위 목표로 나누어져야 하며, 결국에는 생활 속에서 쉽게 실천할 수 있는 작은 행동부터 시작하게 된다.

비즈니스 환경 변화에 적응하기 위해서는 하루에 10~20분씩 자신의 전문분야 관련 저널이나 잡지를 읽는 것부터 시작해야 한다. 그리고 이런 자료를 읽다가 궁금한 점에 대해 그냥 넘어가지 않고 저자에게 궁금한 점에 대한 이메일을 보내는 것에서 변화관리를 위한 네트워크 형성이 시작되는 것이다.

솔루션 3 _ 항상 3가지 목표와
3가지 실천과제를 품어라

생활 속에서의 변화를 실천하기 위한 구체적인 방법은 3가지 목표와 3가지 실천과제를 설정하는 것이다. 즉 본인의 장기적인 변화와 자기계발을 위해 3가지 목표를 정하고 이를 항상 염두에 두어야 한다.

목표의 예로는 '전문성 증진' '시장에 대한 이해' '관련 분야 정보 수집' '전문가 네트워크 확대' 등이다. 이를 기반으로 해서 각 목표에 따른 아주 작은 실천과제를 선정하라. 전문성 증진이나 시장에 대한 이해를 위해서는 부정기적으로 혹은 업무상 필요에 의해서 찾아 보았던 전문분야 관련 저널이나 잡지를 구독부터 시작하라.

또한 다양한 전문가 네트워크 확대를 위해서는 일상적으로 마주치면서 지나쳤던 사내 전문가들부터 탐색해보라. 장기적 목표 3가지와 각각에 해당하는 당장 실천 가능한 작은 실행과제 3가지면 충분하다. 이와 같은 작은 노력들이 차곡차곡 쌓이면서 당신의 변화가 이루어지며, 당신의 경쟁력은 강화된다.

소위 '임원병'이라는 것이 있다. 대기업의 임원을 3년만 하면 내비게이션을 못 보고 스스로 커피를 타 먹지 못한다고 한다. 물론 실제로 존재하는 병은 아니며, 임원 등 고위 리더 생활을 하고 난 후 높아진 기준과 생활 방식을 이전으로 되돌리기 어렵다는 것을 비유하기 위한 용어일 것이다. 즉 안정되고 좋은 직장이 가지는 가장 큰 단점은 도전의식과 바깥 세상에 대한 적응력을 잃게 한다는 점이다.

체감 정년과 실제 정년이 50세 남짓하다는 것보다 더 중요한 사실이 있다. 이미 평균 수명이 80세를 넘겼으며, 건강 수명(혹은 생활 수명, 즉 충분히 건강한 신체적 상태를 유지하기 때문에 적극적인 활동력과 생산력을 유지해야 하며, 그렇지 않은 경우 침체감이나 우울증에 빠지게 될 가능성이 높은 기간)도 70세를 넘겼다는 점이다. 즉 보통 60세인 정년 퇴직을 하더라도 10년 이상 적극적인 활동을 유지해야 하며, 실제 평균 퇴직 연령과 비교해보면 20년을 더 일해야 한다는 것이다.

과연 그때에도 나의 경쟁력을 유지하려면 어떻게 해야 할까? 인생이 그렇게 쉽게 살 수 있는 것이 아니다! 오히려 끝이 없는 노력의 연속이라는 표현이 더 맞을 것이다.

변하기는 해야 하는데
어떻게 변해야 할지 막막합니다

변화관리의 내용

변화에 대한 막연한 부담감이나 저항감을 해소한 후에는 실제적인

변화 노력들이 실행되어야 한다. "그래! 결심했어! 한번 노력해보

는 거야!"라고 결심하고 나면 무엇을 변화해야 하는지에 관한 변화

내용과 관련된 고민에 직면하게 된다.

과연 어떤 영역에 대한 어떤 변화들을 실행해야 하는가? 이런 변

화의 내용들이 결정되어야 변화를 향한 구체적인 계획들이 수립될

수 있다. 예를 들어 '업계 신기술과 신규 동향 학습'이 목표인 경우

와 '리더십 향상'인 경우는 각각 그 실행 방법이 다를 수밖에 없다.

따라서 우선 어떤 부분들이 변화해야 하는지에 대한 개괄적인

방향을 설정하고 그에 기초한 세부적 전략을 수립할 필요가 있다. 리더들이 필수적으로 고려해야 하는 변화관리의 내용은 일(업계 동향 및 기술 발전), 전반적인 환경(사회적·경제적 환경 변화), 그리고 사람(다양한 측면에서의 사람관리 방법) 등 3가지 영역이다.

솔루션 1 _ 일에 대한 전문성이
그 무엇보다 최우선이다

일단은 일이다. 현재 자기가 하고 있는 분야에서의 전문성 확보가 가장 중요하다. 만약 본인 스스로 지금까지 하던 일에 대해서 모두 정리하고 새로운 출발을 하고 싶은 것이 아니라면, 현재 하고 있는 일이나 분야에서의 전문성을 강화하는 것이 최우선되어야 한다.

전문성 강화는 3가지 방향으로 이루어지는 것이 필요하다. 첫 번째는 과거이며, 두 번째는 현재고, 세 번째는 미래다. 즉 자신이 현재 하고 있는 업에서 지금까지의 변천 및 발전 과정에 대해서 알고 있어야 하며, 그에 기반한 현재의 현상과 이슈들을 설명할 수 있어야 한다. 또한 이와 관련된 미래 방향이나 앞으로 도래할 핵심 이슈들에 대해 인지하고 있어야 한다.

과거와 현재를 아는 것은 현재의 업무를 수행하는 데 있어서 핵심적 요소이다. 현재의 업을 거시적 관점에서 이해하고 이를 분배해 구성원들에게 할당하는 과정에 필요한 필수적 조건들이다. 예를 들어 통신업계의 발전과정에 대해 알고 있고 그 안에서의 현재 업무를 설명할 수 있어야 한다. 그래야 구성원들에게 현재 업무를 설득하고 동기화와 몰입을 유도할 수 있다.

이에 더해 리더는 업의 미래 변화에 대한 방향성을 이해하고 있어야 하며, 이를 통해 본인 및 구성원들이 변화를 준비하도록 유도할 수 있다. 특히 최근에는 모든 업에서 빠른 변화가 일어나고 있으며 그에 따른 실제적인 업무의 변화가 심하다. 따라서 미래에 대한 방향을 제시하고 이끌 수 있는 리더와 현재에만 초점을 둔 근시안적인 리더는 차이가 날 수밖에 없다.

구성원들은 이미 알고 있을 것이다. 현재 나의 리더가 10년 후에도 우수한 리더로 승승장구할지, 아니면 업계에서 도태되어 버리고 말지에 대해서 말이다.

솔루션 2 _ 세상에 대해 공부해
폭넓고 통합적인 시야를 가져라

비즈니스상 최근의 가장 큰 화두는 제4차 산업혁명이다. 제4차 산업혁명이란 '디지털 혁명에 기반해 물리적 공간, 디지털적 공간 및 생물학적 공간의 경계가 희석되는 기술융합의 시대'로 정의된다.

제4차 산업혁명은 사회 구조를 급격히 변화시킬 것이며, 우리 삶의 방식을 크게 변화시킬 것이다.

제3차 산업혁명이라 불리우는 PC와 인터넷의 변화에 따라 우리는 얼마나 많은 생활의 변화를 겪었던가? 이와 같은 세상의 흐름과 변화에 대해서 항상 민감하게 학습하고 자신을 맞추어가는 것이 필요하다. 모든 개별 산업들은 '융합'이라는 이름하에 서로 연계될 수밖에 없으며, 나의 업이 어떤 비즈니스와 어떻게 연관되게 될지에 대해서 항상 열린 마음으로 있어야 한다. 그 열린 마음의 기초는 바로 세상의 변화에 대해 열려 있는 눈과 지식이다.

예를 들어 나의 전공인 심리치료 분야에서도 일대일 방식의 전통적이고 보수적 관점에서의 상담이나 코칭이 언제까지 지속될지에 대한 회의감이 이미 시작되었다. 치료자와 내담자 간의 상호작용, 혹은 녹취록을 수천 개만 모으면 인공지능을 활용한 초보적인 수준의 상담이나 심리치료가 가능해져 있는 상태이다. 하물며 전자 분야나 통신 분야는 말할 것도 없고, 우리가 말하는 전통적인 제조업 중심의 2차 산업도 제조, 물류, 영업 등에서 큰 변화가 생길 수밖에 없는 것이다.

이제는 나의 비즈니스만 독립적으로 존재할 수 있는 세상이 아니다. 세상에 대한 열린 눈을 통해 내가 수행하는 업의 위치를 조망할 수 있어야 한다. 그래서 세상 공부가 필요하다.

솔루션 3 _ 사람 공부는
영원한 끝이 없다

세상은 참으로도 빨리 변화하고, 일을 수행하는 방법들이나 내용은 급속히 바뀌어간다. 하지만 그 가운데에 사람이 있다는 점은 변하지 않는다. 즉 세상의 모든 업의 수행 및 변화를 이끌어가고 리드해가는 가운데 사람이라는 존재 자체는 변화하지 않는다. 하지만 사람이 존재한다는 사실 자체는 변화하지 않으나 그 사람들의 생각과 가치는 끊임없이 변화한다.

한 개인은 고유의 성향과 특징에 따라 천차만별일 뿐 아니라 그 사람이 자라온 환경과 경험들에 따라서 다른 가치와 태도(이를 Cohort Effect라 한다)를 가지게 된다. 1987년의 민주화 항쟁과 2017년의 촛불집회는 대단한 변화와 혁신을 가져왔다는 점에서는 유사점이 많았다. 하지만 이런 변화와 혁신을 가져오는 방법과 과정은 크게 다를 수밖에 없다. 왜냐하면 그때의 '사람'과 지금의 '사람'이 가지는 내적 가치와 경험들이 다르기 때문이다.

특히 한 조직에 오래 머물수록 사람을 대하거나 다루는 방식은 편협해질 수밖에 없다. 제한된 사람들과 제한된 형식의 관계를 맺음으로써 다양한 사람들과의 폭넓은 관계를 맺는 능력은 퇴화되며, 실제적인 관계형성이나 관리 역량은 점차로 줄어들게 된다.

일반적인 정년은 60세임에도 불구하고 실제 건강 수명에 기초한 세상살이는 75세까지는 해야 한다는 점을 고려해보라. 정년 후 10년 이상 익숙했던 대인관계나 사람들이 아닌 새로운 대인관계 패턴이나 대상자들을 상대해야 하는 새로운 도전에 직면해야 하는 것이다. 그래서 사람 공부는 끝이 없는 것이다.

|·

여러분이 어렸을 때를 생각해보라. 그리고 신입사원 때를 생각해보라. 그리고 현재를 돌아보라. 세상이 어떻게 바뀌었으며, 얼마나 많이 바뀌었는가? 서울에서 아들 전화가 왔다고 스피커로 방송을 하면 밤길을 달려가고 오른쪽에 달려 있는 손잡이를 돌려 교환원을 불러 통화를 하던 시절이 있었다. 그러던 세상이 각자의 집에 전화가 한 대씩 놓여지는 세상을 거쳐 이제는 개인별로 손에 전화를 들고 다니는 시절이 도래했다.

고향에 한번 내려가려면 엉덩이가 얼얼해질 정도로 덜덜거리는 비포장 자갈길을 몇 시간씩 달려가고, 전기도 없이 호롱불에 의지해서 길을 찾던 시절이 있었다. 그러던 전국 어디든지 촘촘하게 연결된 고속도로를 통해 시원한 에어컨 바람이 나오는 쾌적한 차를 타고 하루 만에 왕복이 가능한 시대가 되었다. 개인적으로는 감상과 추억을 불러오는 기억들이지만 비즈니스라는 차원에서 보면 이는 얼마나 많은 긴장과 준비가 필요한지를 시사하는 것이다.

앞으로 10년 후에 이 세상은 어떻게 달라져 있을 것인가? 그 대답은 "가봐야 안다!"는 것이다. 하지만 분명한 것은 지금까지 변화해왔던 속도에 비해서 엄청나게 빠른 변화가 있을 것이라는 점이다. 만약 당신이 10년 후에도 무언가 일을 하고 있어야 한다면 이에 대해 준비하는 마음가짐이 필요한 이유이다.

구성원들의 건강한 변화를
잘 유도하는 방법이 있나요?

구성원에 대한 건강한 변화관리 유도 방안

리더의 역할이 중요하다는 것은 더 이상 언급할 필요도 없겠지만, 특히 변화관리 측면에서 보면 리더의 역할은 더욱 중요하다. 왜냐하면 구성원들은 현재의 업무를 감당하는 데 급급하거나 장기적인 조망을 가지고 미래지향적 관점의 변화관리를 실행하기 어렵기 때문이다. 따라서 리더는 현재의 업무와 관련된 성과나 효율성에 대해 일차적으로 집중해야 한다.

그러나 동시에 앞으로 부딪치게 될 변화에 대해 적극적으로 수용하고 이에 잘 적응하도록 하는 것도 주요 역할임을 기억해야 한다. 단기적 성과나 결과에 집중하는 것과 더불어 장기적인 관점에서 구성원의 성장과 계발을 이끌고 급속한 환경 변화에 적극적 대응을 이끌어내는 리더십이 병행될 필요가 있다.

솔루션 1 _ 구성원들에 대한
기대 수준을 우선 낮추자

구성원의 입장에서 생각해보라. 당장의 업무도 벅찬데, 과연 미래 지향적 관점의 변화를 예상하고 이에 대응하는 것이 쉽겠는가? 구성원 변화관리 유도는 이와 같은 '구성원의 시급한 현실적 입장'을 공감하고 인정하는 데에서부터 출발해야만 한다. 이를 충분히 인정하지 않는다면, 구성원들이 변화에 대한 인지와 대응을 '부담스러운 추가적 업무'로 느끼게 되는 마음을 이해하지 못한다.

변화관리에 대한 요구를 추가적 업무로 느끼는 순간 리더의 접근이나 노력에 대해서 부정적으로 반응하기 쉽다. 그 결과 반드시 필요한 내용이고 당연한 이야기임에도 불구하고 이를 수용하거나 받아들이지 못하게 된다.

이런 태도들이 심화되면 변화라는 이야기만 들어도 아예 짜증나는 상태가 되기도 한다. 이와 같은 부작용이 발생하지 않도록 하려면, 모든 구성원들이 변화에 대해 그 필요성을 인정하거나 적극적으로 받아들이려고 하는 것은 아니라는 점을 인정해야 한다.

그들의 입장에서는 이와 관련된 리더의 요구가 상당히 부담스럽고 쉽게 저항적 태도를 일으킬 수 있다는 것을 인정하는 데서부터 시작하는 것이다. 즉 구성원들의 변화 요구나 필요성 인식에 대한 기대를 우선 낮추어야 한다.

솔루션 2 _ 변화 마인드가 있는 사람에게 에너지를 집중하라

변화관리에서 가장 중요한 점은 자발적 열정을 불러일으키는 것이다. 그런데 리더가 제일 하기 힘든 부분이 자발적 열정을 불러일으키는 것이다. 특히 변화관리와 같이 지금 당장 시급하거나 단기간의 성과에 연계되지 않는 경우에는 더욱 자발적 열정을 불러일으키기 어렵다.

그렇다면 어떻게 할 것인가? 한정된 리더의 에너지를 효율적으로 사용하면서도 구성원들의 변화관리를 효과적으로 유도하는 방법은 '변화 마인드가 있는 구성원'에게 에너지를 집중하는 것이다. 즉 변화관리에 관심이 있고 이에 대한 노력과 가이드를 흔쾌히 수용하는 구성원에 대해서 리더의 노력이나 열정을 집중할 필요가 있다.

이와 같은 접근이 유용한 2가지 이유는 첫째, 리더의 노력에 상응하는 결과와 심리적 보상을 얻게 되며, 둘째, 열정이 부족했던 구성원들의 참여를 유도할 수 있다는 것이다.

리더가 노력을 기울였음에도 불구하고 그만한 반응이나 효과가 나타나지 않는다면 리더의 내적 스트레스나 좌절감이 증가될 수밖에 없다. 스스로 이러한 노력을 기울이는 데 있어서 회의감이 들기도 하며, 오히려 구성원들과의 관계에도 부정적인 영향을 끼칠 수 있다. 반면에 변화 마인드가 충분한 구성원들은 리더의 노력에 대해 긍정적으로 반응하며 리더의 보람과 성취감을 제공해준다.

또한 이와 같이 리더로부터 인정받고 변화하고 성장하는 모습을 보면서 다른 구성원들도 자신의 변화관리에 대한 필요성이나 동기가 증가하게 되는 효과도 기대할 수 있는 것이다.

솔루션 3 _ 관계라도
유지하는 것이 이득이다

그럼에도 불구하고 자신의 변화관리에 대한 동기나 관심이 없으며, 그와 관련된 노력을 기울이지 않는 구성원들은 어떻게 해야 하는가? 그에 대한 정답은 "포기하라!"다. 즉 굳이 변화관리의 필요성에 대해서 전혀 인식하지 못하고 그와 관련된 노력을 기울이지도 않는 사람들에 대해서는 그냥 포기하고 현재 수준에 만족하고 말라.

이를 통해서 구성원의 입장에서 '잔소리'로 느낄 수 있는 변화관리 관련 부담감을 줄이고 현재의 관계라도 유지하는 것이 이득이다.

조직은 교육의 장소가 아니고, 리더는 교사가 아니다. 구성원을 성장시키고 계발시켜 추후에 부딪치게 될 새로운 세상에 대해서 준비하도록 하는 것은 학교에서는 필수이나 조직에서는 선택이다. 그리고 이를 선택하는 것은 리더가 아니라 개별 구성원 자신이다. 개별 구성원이 리더의 변화관리 유도에 따르지 않아서 생기는 손해는 순전히 본인 책임이고 관련된 부정적인 결과도 본인이 감당하게 된다.

아마도 지금은 성과가 좋을지 몰라도 장기적으로는 성과가 점차로 떨어질 것이며 스스로 유능감이나 효율성이 떨어진다고 느끼게 될 것이다. 그건 당신의 책임이 아니며 구성원 스스로 책임지고 감내해야 하는 것이다. 구성원의 건강한 변화관리를 이끌어내기 위해 충분히 설명 및 설득하고 나름대로의 노력을 기울였다면 리더는 할 만큼 한 것이다.

|

학창시절을 생각해보라. 억지로 공부를 시킨다고 공부가 되었나, 아니면 어느 순간 내적인 열정이 생겨서(소위 정신차리고!) 그때부터 열심히 했던가? 선생님이 강제로 때리면서 공부를 시킨다고 해서 공부의 효율성이 높아지면서 만족을 했는가, 아니면 스트레스만

많이 받고 힘들어져서 오히려 공부 자체에 대한 혐오가 생기던가?

고성과의 근원은 내적인 자발적 열정과 몰입이며, 이는 누가 강요한다고 쉽게 생기는 것이 아니다. 스스로 깨닫고 느끼는 자에게서 내적인 열정과 몰입이 생기며, 공부가 힘들고 지치지만 나름대로의 열정과 노력을 기울인다. 공부의 필요성과 장기적 관점에서 인생에서의 성공과 관련이 높다고 아무리 말해도 듣고 싶은 사람만 그 의미를 알아듣는다. 나머지 사람들은 이를 잔소리라고 생각하고 말뿐이다.

다만 예외가 있다. 믿고 신뢰하는 선생님이나 선배의 이야기는 종종 도움이 되거나 그에 따라 변화하기도 한다. 가끔은 공부가 하고 싶다가도 선생님이 싫으면 공부 자체에 대한 흥미가 반감되기도 하고, 그 선생님이 말하는 것에 대해서는 청개구리와 같은 반발심이 생기기도 한다. 그래서 차라리 관계라도 챙겨 놓는 것이 이득인 것이다.

가족문제가 해결하기 더 어려운 것 같은데, 어떻게 대비해야 하나요?

리더의 개인적 이슈 및 가족변화 대응 방안

리더 효율성과 관련해 쉽게 간과하는 요소 중 하나가 바로 가족이다. 가족이 평안하고 안정적으로 돌아가는 경우에는 그 중요성을 느끼지 못하는 경우가 많으나 가족 내에 문제가 생기는 경우 리더의 심리적 에너지를 빼앗아가고 여유가 없어지게 된다. 그리고 이와 같은 심리적 상태는 결국 업무상 효율성에 부정적 영향을 끼치게 된다. 그 대표적인 예로는 부부 간의 갈등이나 중2병에 걸린 청소년 자녀를 들 수 있다.

심각한 부부 간 갈등으로 인해서 이혼 소송 중이라면 업무에 대한 집중력이 떨어질 수밖에 없다. 청소년 자녀의 반항으로 인해 집안 분위기가 험악해지는 경우에도 리더의 관심이 분산될 수밖에 없다. 이 때문에 리더의 개인적 및 가족의 이슈들도 관리의 대상이 될 수밖에 없는 것이며, 리더들도 이에 대한 적극적인 대응이 필요하다.

솔루션 1 _ 가족도
또 하나의 업무이다

가족도 또 하나의 업무이다. 또 하나의 업무란 말은 나름대로의 목표가 필요하며, 그에 따른 KPI(Key Performance Index)가 존재한다는 것을 의미한다. 또한 이를 적절하게 수행했는지에 따라 성과나 달성 수준이 평가된다는 것이다. 그리고 이 성과 달성 수준에 따라서 크게 만족을 가져오기도 하고, 적절히 달성되지 못하는 경우에는 문제나 어려움을 경험하게 된다. 즉 가족 이슈 및 이에 대한 관리는 모든 사람에게 있어 인생의 주요 축인 것이 분명하다.

이 축에서의 적응이나 성과 수준에 따라 다른 축들이 영향을 받는다. 가족을 이루는 결혼 과정이나 출산 및 육아, 그리고 부부 관계나 자녀 성장과정들이 지속적으로 리더의 효율성에 영향을 미칠 수밖에 없다. 결혼을 안 했다고 하더라도 부모와의 관계 등이 영향을 미칠 수밖에 없다.

또한 리더 본인뿐 아니라 구성원들이 가족과 관련된 여러 가지 일들을 경험했을 때 그들의 업무 수행에 미치는 영향을 고려해야만 한다. 예를 들어 평생 경험할 수 있는 생활 스트레스 사건 중 1~3위 안에 드는 사건은 자식 사망, 배우자 사망, 그리고 부모 사망 등 주요 가족 사망이다. 게다가 20위 안에 결혼 및 결혼 준비, 이혼, 별거 등 주요 가족 내 이슈들이 모두 포함되어 있다.

당신 자신과 당신의 구성원들이 가족과 관련해 상기에 열거한 일들을 경험했다고 하면 최소한 3개월에서 6개월 동안은 강한 우울감이나 슬럼프를 겪을 수밖에 없다. 당연히 업무상 효율성도 떨어지고 침체될 수밖에 없는 것이다. 이 때문에 적극적 관리와 대응이 필요하다.

솔루션 2 _ 가족관리도
학습과 계발이 필요하다

아이가 학교에서 산만하다고 지적을 받는다거나 언어 발달이 지연되고 있다는 이야기를 듣게 된다면 리더들은 그에 대한 걱정과 염려로 인해 심리적 에너지를 빼앗길 수밖에 없다. 또한 뚜렷한 장애나 문제가 아닌 경우에도 고민이 되기는 마찬가지다.

결혼이란 서로 다른 방식의 가족 문화에서 살아온 두 사람이 만나 대부분의 개인적 시간을 공유하는 과정이다. 이 과정에서 다양한 갈등과 문제들이 일어나게 된다. 또한 자녀를 양육하는 과정에서도 다른 원칙과 방법을 적용하고자 한다.

어렸을 때에는 착하고 순하며 말을 잘 듣던 자녀가 청소년기가 되면서부터 부쩍 말대답을 하고 반항하는 모습을 보이기 시작한다. 이런 시기가 오면 울컥 화가 나기도 하지만, 한편으론 내가 잘하고 있는 것인지에 대해 고민과 걱정이 시작된다. 즉 신입사원을 육성하기 위해서 직무교육과 이후 업무 수행에 대한 관리와 모니터링을 하듯이 가족과 관련해서도 훈련과 연습이 필요하다.

결혼해 가정을 이루고 자녀를 양육하는 것은 업무를 수행하는 것과는 다른 새로운 지식과 정보가 필요하다. 이 또한 양육 과정에 대한 모니터링과 피드백을 통해 보다 나은 수행을 보일 수 있도록 하는 것이 필요하다.

예를 들어 회사에서 주최하는 '좋은 부모 되기' 워크샵에서는 그동안 체계적으로 배운 것 없이(?) 나름대로의 생각과 판단으로만 열심히 하던 부모들이 '내가 잘하고 있었구나!' 혹은 '아! 이런 점은 잘못된 것이구나!' 및 '아! 이렇게 대처해야 하는구나!'라는 통찰과 배움을 얻게 된다. 그리고 이를 통해 마음의 평안을 얻고, 더욱 더 가족과 자녀를 사랑하는 마음과 방법을 배워가게 된다. 이렇게 얻게 된 심리적 안정과 여유는 결국 업무상 효율성으로 돌아오게 될 것이다.

솔루션 3 _ 가족관리의 핵심은
감정 관리에 집중하는 것이다

그럼 도대체 가족관리는 업무와 비교해 어떤 점을 학습하고 계발해야 하는 것인가? 기본적으로는 가족이란 정서적 관계이며 감정적 교류가 바탕이 된다는 점이 핵심적 차이다. 즉 비감정적이고 합리와 논리로 진행되는 비즈니스 프로세스와는 달리, 가족적 교류와 관계는 일반적이고 합리적인 논리로 설명되기 어려운 미묘하고 다양한 감정적 교류를 기반으로 하게 된다.

조직에서는 문제점을 발견하고 그에 대한 즉각적인 실행과 개선을 통한 솔루션을 도출하는 것이 필요하다. 반면에 부인의 고민에 대해서 소위 '솔루션'을 제시하면 "당신은 왜 내 말을 안 들어줘?" "누가 그걸 몰라서 못해? 그냥 들어달라고!" 등 이해도 못할 만한 반응들이 나와 당황하게 된다.

또한 자녀의 미래와 성공적인 삶을 위해 인생의 목표가 무엇이며 어떤 전공과 비전을 가지고 있는지 진지한 대화라도 하는 것이 필요하다고 생각해 시도를 한다. 그런데 예상과는 달리 자녀들은 명백하게 싫은 표정과 거부적인 태도를 보이면서 부모를 소위 '꼰대' 취급을 한다.

즉 가족 내 관계와 교류는 정서적 배려나 관심, 그리고 이에 대한 적절한 표현과 전달이 필요한 정서적 공동체라는 것이다. 일반적 관계에 비해 감정관리 및 교류가 훨씬 중요하다. 그래서 새로운 공부가 필요하다.

|

모 회사의 본부장님과 코칭을 진행하던 당시, 고등학교 3학년이 되어 입시와 대학교 지원 고민으로 힘들어 하는 딸을 위로하고 도와주고 싶은 마음은 있는데 어떻게 해야 할지 잘 모르겠다는 고민을 상의했다. 또한 나름대로 고민해서 도와주려고 하는 방법들이 오히려 딸에게 반감을 사거나 스트레스를 주는 것 같다고 하면서 어떻게 해야 하는지 물어왔다.

이에 대한 해결방법은 생각보다 어렵지 않았다. 우선은 매일 아이에게 현실을 확인해주면서 적절한 긴장감을 주는("열심히 해!" "열심히 해서 좋은 대학 가면 다 보상받을 수 있어!" "지금이 얼마나 중요한 시기인줄 알지?" 등) 본부장님 본인 입장에서, 본인이 사용했던 표현이나 접근들을 없앴다. 대신 예전의 본인 경험이 아닌, 현재 고등학교 3학년의 심정을 역지사지 차원에서 이해했다. 동시에 그나마 딸과 공유할 수 있는 공통점(그 분의 경우 올드팝!)을 탐색했다. 그리고 마지막으로 이를 본인의 방식(직접 얼굴을 보고 어깨를 두드리며 격려의 표현하기 등) 대신에 자녀의 소통 방식(SNS 메신저를 통해서 이모티콘 잔뜩 넣은 메시지와 공부하다 지칠 때 마시기 좋은 커피 선물 보내기 등)에 맞추어 표현하도록 했다.

그 결과는 어떠했을까? 한 학원을 마치고 다른 학원으로 이동하는 시간 동안에 아빠 차에서 함께 올드 팝을 들으면서 공부에 대한 스트레스와 긴장을 풀며 수다를 떠는 사이가 되었다. 그런데 더욱 신기한 것은 이런 변화가 시작된 지 한 달도 채 안돼 조직 구성원들 사이에 제일 감성리더십이 우수한 리더가 되어 있었다. 딸에게 쓰던 방법의 10분의 1 정도만 구성원들에게 적용했을 뿐인데… 이런 이유로 가족관리, 즉 감성적 관계와 교류에 대한 공부와 학습은 현재의 일에도 크게 유용하게 적용될 수 있다.

더 좋은 리더가 되려면
어떻게 해야 하는가?

준비하는 리더가 성공한다!

대학에 가기 위해 얼마나 많은 공부를 했으며, 취업을 하기 위해 얼마나 많은 준비를 했던가! 어떤 일이든 철저한 준비가 이루어질수록 성공의 가능성이 높아진다. 성공하는 리더가 되기 위해서도 많은 준비가 필요하다. 막연히 좋은 리더가 되겠다는 의지만으로 좋은 리더가 되지 않는다. 구체적인 준비와 실행이 필요하다.

리더에게 필요한 준비를 정리하자면, 기본적으로는 업무와 관련된 영역에 대한 준비 및 사람에 대한 준비가 필요하다. 세부적으로는 일과 관련해 현재의 일에서 성공하기 위한 준비와 노력이 필요하며(즉 성과관리!), 앞으로 다가올 변화에 대한 적극적인 대응과 준비를 하는 것(즉 변화관리!)이 지속적인 성공을 보장한다. 또한 사람에 대한 이해와 관리 방법에 대한 준비(즉 대인관리!)가 필요하나 이보다 더 우선되는 것은 내 스스로에 대한 이해와 관리(즉 자기관리!)이다. 이와 같은 이유로 이 책이 4가지 주요 범주, 즉 자기관리, 대인관리, 성과관리, 변화관리 등으로 구성되어 있는 것이다.

우선 리더는 자신에 대한 전반적인 관리가 필요하다. 스스로의 자존감을 유지해 안정감을 가지고 자신감 있는 행동을 보임과 동시에 업무 중 발생하는 스트레스나 장애를 극복하고 해결하는 노하우를 가지고 있어야 한다.

특히 이와 같은 다양한 자기관리 방법 및 노하우는 그대로 구성원에 대한 이해 및 관리에 적용될 수 있기 때문에 자기관리와 대인관리는 불가분의 관계라고 볼 수 있다. 나 스스로를 관리하지 못하고 심리적 에너지가 고갈되고 여유가 없어진다면 다른 구성원을 관리하고 지원해주는 데 한계가 있을 수밖에 없다.

자신과 타인에 대한 효과적 관리는 성과로 이어진다. 즉 일에서의 성공을 가져오는 것이다. 그리고 성공을 통한 자신감과 적극성은 미래의 변화에도 당당하게 맞설 수 있는 에너지를 만들어낸다.

준비하라! 미리 준비하는 리더가 성공한다!

계발하는 리더가 성공한다!

우리의 인생은 끊임없는 노력과 계발의 과정이다. 아무리 나이가 많더라도 항상 배울 것이 존재하며 이를 통해서 보다 인간다운 삶 혹은 성숙하고 성공적인 인생을 채워 나가는 것이다. 모든 리더는 완벽하지 않으며, 스스로 계발하고 향상시키고자 하는 노력을 게을리하지 말아야 한다.

특히 리더는 본인뿐 아니라 구성원들의 관리 및 성과향상을 이끌어가야 하는 높은 수준의 능력이 요구되는 역할이다. 따라서 현재의 수준에서, 그리고 향후 승진 등과 같은 역할변화가 요구되는 상황에서, 끊임없는 변화와 성장, 그리고 계발에 대해 항상 관심을 가지고 그에 대한 노력을 기울여야 한다.

무조건, 그리고 모든 측면에서 완벽한 리더가 되기 위해 계발을 하는 것은 아니다. 가장 먼저 자신의 장단점에 대해 명확하게 분석하고 이해하며, 강점을 자신의 핵심적 무기로 활용해야 한다. 동시에 자신의 취약점을 개선하고자 하는 노력도 병행해야 한다.

만약 사람관리 영역에서 계발이 필요하다고 생각이 된다면 사람에 대한 공부 및 관리 방법에 대한 학습과 계발이 필요하다. 구성원들의 문제점에 대해서 명확하게 지적하거나 적극적인 리딩이 어려운 경우에는 구성원에 대한 객관적인 분석 및 그에 기초한 실제적인 개선 방안을 학습하고 계발해야 한다. 이와 더불어 내용을 효과적으로 전달하기 위한 실제적인 커뮤니케이션 스킬을 학습해야 한다.

실제 리더로서의 자신감과 효과적인 수행은 철저한 준비에 기초한 계발 활동 및 그 결과로부터 나올 수 있다.

소통하고 실천하는 리더가 성공한다!

리더십을 향상시키는 데 있어서 가장 중요한 교과서는 바로 나의 주변 사람들이다. 즉 나의 리더십의 대상이 되는 부하직원들이 어떻게 느끼고 생각하는지, 그리고 나를 평가하고 관리하는 상사의 의견 등이 가장 중요한 리더십 향상과 계발의 원천이 된다.

한편 그들은 나의 리더십 향상의 연습 상대이며 결과이기도 하다. 아무리 잘 짜여진 교육과정과 프로그램도 현재와 같이 생생한 구조와 환경을 만들어줄 수는 없다. 현재의 세팅에서 최선을 다하고 그 안에서 다른 구성원들과 적극적으로 소통하면서 준비하고 연습한 바를 실천하는 것이 필요하다.

당신이 앞으로 어떤 상황에서 어떤 일을 하든지, 지금보다 많은 사람들과 상대해야 하고 더 많은 인력을 관리해야만 할 것이다. 또한 현재보다 더 많은 영향력 행사가 필요하고 더 어려운 설득과 교류를 해야만 할 것이다. 그리고 현재 직면하고 있는 이슈나 문제보다 훨씬 더 정교하고 복잡한 과업을 다루고 해결해야 할 것이다.

지금 나의 주변에 있는 모든 사람들과의 교류가 나의 리더십을 위한 투자이며, 나의 미래를 위한 연습이 되는 것이다. 지금 당신의 과제는 분명하다. 바로 지금부터 그들과의 교류를 시작함으로써 그들을 통해 학습하고 스스로 성장하라!

다양한 조직을 대상으로 리더십 교육이나 코칭을 하지만 특히 기억에 남는 교육이 있다. 전력발전사 중 하나인 모 고객사의 경우 '승진 리더의 Soft-landing을 위한 리더십 진단/교육/코칭'이라는 프로젝트를 연간 운영한다. 즉 초급 리더(차장급), 관리자급 리더(부장급 혹은 팀장급), 단위 조직 최고 관리자(처장급 혹은 단위 부서 최고위급 리더급) 등 3가지 리더군을 대상으로 해 이전의 역할과 다른 새로운 역할과 업무 범위에 대한 적응을 지원하는 프로그램이다.

이 과정에서 각 리더들은 이전에 습관적으로 해왔던 자신의 역할에서 새로운 지위에 맞는 새로운 역할을 학습한다. 새로운 역할에 대한 효과적인 학습과 적응은 조직을 안정시키며, 조직의 안정에 기반한 신속한 성과 달성을 가능케 한다.

즉 리더라고 해도 다 같은 리더는 아니다. 리더에게 맡겨진 지위나 역할에 따라 실제적인 활동 내용과 요구 능력이 매우 다르다. 일반적인 대기업의 경우 이제 갓 리더가 된 과장 혹은 차장급 리더들이 있으며, 이들을 관리하는 부서 단위의 장인 부장급 리더가 있다. 그리고 이들이 포함된 사업부를 총괄하는 임원급 리더가 있다. 이들 각각의 지위와 역할에 따라 리더로서의 도전 과제나 계발해야 될 역량 내용이 다르다. 현재의 리더 수준에서 상급 리더로 승진하려면 보다 업그레이드된 리더십 과제와 훈련이 필요하다.

각 직급별 리더를 위한
핵심 클리닉

초급 리더를 위한
핵심 클리닉

초급 리더(일반적으로 과장 · 차장 혹은 파트장 등)라 하면, 조직에서 이제 처음으로 책임을 가지고 자신이 감당해야 할 구성원들을 공식적으로 맡게 된 리더를 말한다(Manager of Others). 이들은 일반적인 대인관계나 후배들에 대한 일상적 수준에서의 지원과는 달리, 이제 드디어 처음으로 사람을 관리하고 책임지는 리더가 되는 것이다.

공식적인 인적자원에 대한 관리 책임이 부여되어 그들의 업무관리 및 평가, 그리고 육성과 계발은 물론 동기부여나 스트레스 관리 등도 수행해야 한다. 이와 같은 업무가 처음인 갓 시작하는 초급 리더들은 새로운 도전에 직면해 있는 것이며, 그에 따른 핵심적 과제들이 있다.

혼란은 당연하다

초급 리더들이 가장 먼저 겪는 심리적 과정은 '혼란'이다. 쉬운 표현으로 '어찌할 바를 모르겠다!'는 것이다. 즉 새로운 역할이나 책임에 대해서 미리 짐작하고 생각은 하지만 실제로 부딪치게 되는 과정은 생각보다 어려운 경우가 많다. 지금까지 자신의 업무를 열심히, 그리고 성공적으로 해왔으며, 지금까지처럼 열심히 하면 다 될 거라고 생각한다.

그러나 사람 관리의 문제는 그리 쉽지 않다는 것을 금방 깨닫게 된다. 물론 이와 같은 혼란을 느끼지 못하거나 혹은 사람관리 문제가 쉽지 않다는 것을 깨닫지 못하는 경우도 있다. 이와 같은 경우 본인의 인식부족이라 생각하지 않고 구성원의 업무 능력 부족 탓을 하거나 그들을 비난하거나 화를 내게 된다.

또한 구성원들이 가지는 어려움이나 불만에 대해서 전혀 이해하지 못하기 때문에 관리나 해결은 불가능하다. 이런 문제들이 심화되는 경우 구성원들이 퇴사하거나 팀의 성과나 효율성이 떨어진다. 이런 문제들이 발생함에도 불구하고 본인만 문제의 원인을 모른다.

나와는 다름을 수용해야 한다

사람이 외모가 모두 다르다는 것은 누구나 알고 있다. 그러나 일에 대한 태도나 자세 및 일처리 방식, 그리고 대인관계나 의사소통 패턴 등 행동적 특성들도 다를 것이라는 생각은 잘 하지 못한다. 남들도 나와 동일하거나 비슷할 것이라는 전제하에 행동하는 경우가 많다. 이로 인해 내가 당연하다고 생각하는 것들에 대해서 왜 설명을 해야 하는지 답답할 수 있으며, 다른 사람들이 소통하거나 교류하는 방식이 문제라고 생각하기 쉽다.

예를 들어 '일에 대한 열정과 자부심이 당연히 있어야 한다'라고 생각하는 리더는 내적인 열정이 부족한 구성원에 대한 동기부여를 하지 못하게 된다. 외향형 성격과 커뮤니케이션 스타일을 가진 리더는, 생각과 정리를 한 후 말로 표현하는 내성적 구성원을 답답하게 느낀다. 그 결과 그들을 다그치거나 표현력이 떨어진다고 비난해 더욱 위축되게 만든다.

타인들은 나와 다른 특성을 가지고 있으며 이 때문에 다르게 대해야만 한다는 것을 머리로는 알고는 있다. 그리고 이전에는 다르게 생각하고 행동하는 사람들과 갈등이 생기면 피하거나 안 보면 되었다. 하지만 이제는 그렇지 않다. 리더는 어떻게든 같이 일하고 열심히 일하도록 만들어야 하기 때문이다.

일대일 관리 스킬에 집중하라

초급 리더들이 집중해야 하는 리더십 과업은 구성원에 대한 일대
일 관리 스킬이다. 즉 기본적인 성격 유형에 대한 이해 및 이에 기
반한 기본적인 일대일 대화와 면담법, 그리고 동기부여나 갈등관리
기법 등 일대일로 대하는 리더십 스킬을 학습하고 계발해야 한다.

보통 초급 리더의 경우 관리하는 인원 자체가 많지 않고 5~10명
이내의 경우가 대부분이다. 이 정도 구성원이라면 일주일에 한번
정도의 팀 미팅과 대부분의 일대일 미팅이나 소규모 회의 중심으
로 조직이 운영된다. 또한 구성원들에 대해서 리더가 직접적인 책
임권한을 가지고 관리해야 한다.

따라서 개별 구성원을 구체적으로 파악하고 이해하며, 그들의 스
타일에 따른 차별화된 접근 방법을 적용하는 방법들을 학습하고 계
발해야 한다. 기본적인 대화법을 학습하고 각종 면담이나 회의시
필요한 기본적인 프로세스와 내용들이 무엇인지를 학습하고 이를
적용해보는 것이 필요하다.

초급 리더의 경우 본인이 리더라는 생각조차도 제대로 하지 못
하고 지나가는 경우도 많다. 혹은 이 책을 읽는 중간관리자급 독자
들 중에는 초급 리더에 기술된 내용들이 지금의 나에게도 필요한

것이라고 생각할 수도 있다. 이는 리더로서의 문제의식이나 필수
적 과업을 철저하게 완수하지 못했기 때문이라고 볼 수 있다. 물론
이를 비난하는 것은 아니다.

  많은 리더들이 충분히 준비되지 않은 채로 리더가 되기 때문에
이런 일이 발생하는 것이며, 이는 조직의 책임이기도 하고 대부분
의 사람들은 이를 진지하게 고민하지도 않기 때문이다. 대신에 지
금이라도 이 내용들을 고려한 자기계발과 연습을 시작하면 될 뿐
이다.

관리자급 리더를 위한
핵심 클리닉

관리자급 리더(일반적으로 부장 혹은 팀장)라 하면, 본인 책임하에 여러 하위 단위조직 및 관련된 구성원들을 총괄하는 리더를 말한다. 이들은 직접 구성원을 관리하기도 하지만 하위 조직을 관리하는 관리자들을 리드해야 하는 역할이 추가되며(Manager of Managers), 본인 관리 하에 독립적으로 책임있는 역할을 담당(Function Manager)하게 된다.

이때부터는 실무전문가(SME; Subject-matter expert)로서의 기능보다도 사람을 운영하고 관리하는 사람 전문가로서의 기능과 역할이 더 커진다고 볼 수 있다(비록 초급 리더의 경우에도 이런 경우가 발생한다). 본인의 전문 영역이 아닌 사람이 관리 대상 구성원에 포함되는 경우가 많아지며, 이들을 관리하는 하위 조직의 조직관리자들 (즉 초급 리더들)을 관리해야 한다.

이들은 구성원들을 관리하는 데 있어서 조직 차원에서의 관리와 대처가 필요하기 때문에 일대일 관리 스킬 이상의 능력이 필요하다.

기본적으로는 조직관리이다

초급 리더의 경우 기본적인 리더 역할의 핵심은 사람관리, 특히 그 중에서도 일대일 대면관리가 중심이다. 반면에 관리자급 리더의 사람관리상 특징은 조직 차원에서 접근하는 사람관리다. 즉 사람을 관리하는 데 있어 조직의 목표와 방향, 그리고 조직의 성과를 중심으로 한 의도적이고 목적적인 사람관리 방법을 실행해야 한다.

이것이 의미하는 바는 사람관리에 대한 분명한 목표와 방향이 있어야 한다는 점이며, 조직의 역할 및 궁극적 성과와 연계되어야 한다는 점이다. 따라서 목표 설정 및 방향성 제시 등 조직관리 차원에서의 리더 역할이 훨씬 더 중요해진다.

이는 단순히 일대일로 대면해 해결할 수 있는 수준을 넘어서는 것으로 목표와 방향성을 설정하는 방법과 이를 공유하는 과정, 그리고 이에 따라 전체 조직 및 구성원들이 적극적으로 동참할 수 있는 일련의 과정을 모두 포함한다. 즉 관리자급 리더는 리더로서의 활동 내용과 과정 모두에서, 조직 차원에서의 관점과 고려가 있어야만 한다.

선택과 집중이 필요하다

관리자급 리더의 경우 급격한 업무 범위 확대 및 인적자원 관리에 대한 부담이 크게 늘어난다. 관리해야 하는 대상 인력의 양이 증가함과 더불어 구성원과 관계의 질이나 양상도 크게 다르며, 주요 의사결정과 그에 따른 실행 관리 등 업무적 측면에서의 변화도 뚜렷하다.

이전의 업무처리 능력과 심리적 에너지로는 도저히 이 모든 과업들을 감당할 수 없다. 즉 업무 및 사람관리의 양과 질적인 측면상 변화로 인해 이전과 동일한 방식으로는 도저히 감당할 수 없다. 선택과 집중을 통한 효율성을 반드시 제고해야만 한다.

현재의 당면과제들 및 사람관리 이슈들을 목록화하고, 위임할 수 있는 부분들에 대해서는 위임함으로써 심리적 에너지를 확보해야 한다. 그리고 확보한 심리적 에너지를 업무상 질적 변화에 집중해 효율성을 높여야 한다. 구체적으로는 업무상 위임과 모니터링을 통해 직접적으로 수행해야 하는 부분들을 줄이는 것이 필요하며, 모니터링과 피드백을 통해서 '다른 사람이 일을 잘할 수 있도록 하는 스킬의 향상'이 필요하다.

또한 사람관리상에서는 하위 단위조직의 리더들(차장 혹은 파트장들) 관리에 집중해야 하며, 하위 조직의 개별 구성원에 직접적으로 관여하는 비중을 현저히 줄일 필요가 있다. 특히 업무 수행상에서 하위 조직 리더를 건너뛰고 개별 구성원에 직접적으로 개입하는 것을 최소화해야 한다. 이는 2가지 측면에서 문제를 발생시키는데, 하나는 업무 진행상 혼란을 유발할 수 있으며, 또 다른 하나는 장기적으로 하위 단위조직 리더의 리더십 성장과 발전을 저해한다.

업무적 측면에서나 사람관리상에서 선택과 집중을 통해 심리적 에너지를 확보하고 효율성을 향상시키는 것이 필요하다.

불행히도 샌드위치 신세라는 점을 잊지 말라

승진이라는 것은 조직 내에서 인정을 받는 것임과 동시에 자신의 지위나 역할에 대한 기대도 높아지는 것이다. 팀원일 경우에는 나름대로 많은 서러움과 답답함을 느끼면서 "내가 팀장만 되면…"이라고 생각한 점들이 많이 있을 것이다. 그리고 팀장이 되는 순간 자신에게 큰 역할과 권한이 부여될 것이라는 기대를 하게 되기도 한다.

그러나 불행히 조직에서의 중간관리자는 부여된 역할과 책임에 비해 충분한 권한은 주어지지 않는 경우가 많다. 오히려 상사와 구성원 간에 끼여있어 이도 저도 못하는 샌드위치 신세라는 느낌을 자주 가지게 된다.

이 때문에 중간관리자의 경우 원하는 수준의 권한과 통제감을 가지지 못하는데 따른 주관적 스트레스가 가장 높다. 예를 들어 열심히 과제를 준비해 결재를 받으러가면 상사(임원급 리더 등)에 의해서 수정이나 보완 지시를 받거나 심지어는 새롭게 다시 시작하게 되는 일이 자주 발생한다. 또한 사람관리와 관련해서 구성원들과의 직접적인 접촉이 많음에도 불구하고 실제적인 통제권한과 교류는 제한되어 있다.

관리자급 리더의 애매할 수 있는 위치나 역할로 인한 주관적 스트레스는 리더의 효율성을 떨어뜨리게 된다. 또한 리더의 주관적 스트레스와 부정적인 심리 상태는 팀 전체에도 부정적인 영향을 끼친다. 불행히도 샌드위치 신세라는 점을 미리 인지하고 이와 관련된 기대를 낮춤으로써 주관적 스트레스를 줄이는 것이 적절한 솔루션이다.

|

조직에서 관리자급 리더, 즉 중간관리자가 하는 역할은 매우 크다. 일의 양도 많고 의사결정도 많이 해야 한다. 실무적 측면에서의

최고 리더로서 그 역할은 지대하다. 그러나 중간자적 위치나 역할로 인해서 스트레스도 많이 느낄 수밖에 없다.

이와 같은 자신의 위치나 역할에 대한 통찰과 인식이 선행되어야 하며, 그에 따른 구체적인 실행이 필요하다. 분명한 것은 어렵고 힘든 만큼 배울 것도 많고 크게 성장하는 수준이 바로 관리자급 리더라는 것이다. 본인에게는 좋은 도전과 성장의 계기가 될 수 있음을 기억해야 한다.

임원급 리더를 위한
핵심 클리닉

임원급 리더(일반적으로 본부장급 혹은 상무 이상 임원급의 사업 총괄 책임자)라 하면, 사업 단위 비즈니스에 대한 총괄 리더로서 비즈니스의 비전과 방향을 설정할 뿐 아니라 업무적 및 인적 차원에서의 사업 진행을 총괄하고, 궁극적으로는 그 결과에 대해 책임지는 리더를 말한다(Business and/or Group Manager).

물론 각 조직에는 최고 책임자(GM 혹은 CEO 등)가 있기는 하나 실질적인 비즈니스에 대한 책임은 임원급 리더들이 담당하게 된다. 즉 비즈니스에 대한 종합적 관점과 솔루션을 모두 감당해야 하며, 그 결과 또한 책임져야 하는 막중한 자리라고 볼 수 있다.

이로 인해 비즈니스 성과에 대한 압박과 스트레스가 극심하며, 성공했을 때는 화려한 보상과 인정을 받으나 실패했을 때는 그 결과에 대한 즉각적인 책임 추궁이 따르기도 한다. 이와 같은 역할 수행상 특성으로 인해 다른 리더들과는 다른 임원급 리더만의 리더십 이슈가 발생하게 된다.

내가 먼저 살아야 조직도 산다

한 나라의 국가대표급 선수들에 대해서는 특별한 식단과 더불어 전문가들에 의한 철저하고 체계적인 관리를 한다. 이는 대표선수들이 최적의 신체적인 상태를 유지해 최고의 기록을 내도록 하고, 혹시라도 발생할 수 있는 잠재적인 문제점들을 사전에 발견해 조치하고자 함이다.

동일한 관점에서 보면 한 조직의 대표급 선수들인 임원들은 어떻게 관리해야 하는가? 최적의 업무 효율성과 합리적 판단력을 유지할 수 있도록 적극적으로 관리해야 한다. 충분한 심리적 안정을 확보하고 스트레스를 최소화하며, 문제가 발생하지 않도록 세심하게 모니터링해야 한다.

실제 현실은 어떠한가? 임원급 리더들의 심리적 상태에 대한 관리 및 최상의 결과를 내기 위한 역량관리가 필수적이다. 그러나 이와 같은 측면들이 비가시적인 심리적 속성이기 때문에, 혹은 이에 대한 관리 필요성이나 인식이 부족해서 간과되는 경우가 많다.

그렇다면 임원급 리더 스스로는 어떻게 대처해야 하는가? 국가대표라고 선발해놓고 관리를 안 해준다고 국가 탓을 하거나, 혹은 몸이 망가질 수 있는 행동을 마음대로 해도 되겠는가? 만약 본인이 뚜렷한 목적과 방향이 있다면 스스로라도 이를 철저히 관리해야 할 것이다.

임원급 리더도 마찬가지다. 누가 챙기고 돌봐주는지와 상관없이 스스로 최적의 상태를 유지해야 하며, 합리적 의사결정과 효과적인 실행을 할 수 있도록 본인 스스로 관리해야만 한다.

임원급 리더들의 자기관리가 자신 및 조직에 미치는 전반적인 영향에 대해 분명히 인지해야 하며, 적극적으로 관리해야겠다는 필요성에 대한 인식이 선행되어야 한다. 즉 내가 잘 살아야 조직도 효율적으로 돌아가고, 비로소 긍정적인 성과를 만들어낼 수 있는 것이다.

용인술이 솔루션이다

물론 관리자급 리더도 마찬가지지만, 임원급 리더들은 스스로 모든 것을 다 할 수는 없다. 특히 비즈니스 리더라는 차원에서 보자면 사업의 방향과 목표 설정, 그리고 전반적인 업무적 및 인적 사업관리를 총괄해야 한다. 이 모든 일은 절대로 한 사람이 다 관여하고 관리할 수 없다.

그럼 어떻게 할 것인가? 임원급 리더라면 궁극적으로는 주요 기능들을 분리하고 이를 적합한 사람(Function Manager)에게 철저하게 위임해야만 한다. 이를 위해 필요한 것이 바로 최적의 적임자를 선정하고, 그에게 효과적으로 위임해 성과를 내도록 하는 용인술이다. 결국 임원 혼자서 모든 것을 할 수는 없으며, 나의 의도와 목표를 공유하고 이를 하나의 팀으로 함께해줄 사람들이 반드시 필요한 것이다.

이는 현실적으로 임원급 리더가 효과적으로 업무를 수행하는 데 있어서 가장 기본적인 선행 조건이다. 동시에 어떤 사람과 어떻게 비즈니스를 진행하는지에 따라 궁극적인 성과 수준에서도 큰 차이를 보이게 된다.

결국 임원의 비즈니스 성과 및 결과는 어떤 사람들과 함께 어떻게 일을 하는지에 달려있다. 이와 같은 점을 분명하게 인식하고 이를 위한 철저한 사전 준비, 즉 어떤 사람과 함께 일할 것이며 그들을 어떻게 관리하고 운영해 공동의 성과를 만들 것인지에 대해 준비하고 있어야 한다.

미래를 준비하라

극단적으로 표현해서 임원급 리더는 고용보장 차원에서 보면 일용직이다. 일반직원들은 자신의 지위나 혹은 고용과 관련해 고용노동부에서 보호를 해주지만 임원급 리더들의 경우에는 그렇지 않다. 이 험한 비즈니스 세계에서 혼자 살아남고 버텨야 하는 것이다. 이와 같은 지위상 불안정성으로 인해 임원급 리더들의 스트레스는 배가된다.

물론 불안정하지 않은 조직도 많이 있다. 하지만 임원급 리더들은 업무 특성상 단기적인 성과에 집중할 수밖에 없으며, 충분한 성과가 달성되지 않을 경우에 대한 불안감과 스트레스가 극심하다. 또한 임원급 리더는 업무 특성상 조직개편 등으로 인해 갑자기 보직이나 역할 자체가 변경되는 경우도 많다.

이와 같은 지위 특성상의 불안정성과 스트레스는 결국 현재의 업무 집중에 부정적인 영향을 끼치게 되며, 성과 달성에 큰 방해요인으로 작용할 가능성이 높다. 이를 해결할 수 있는 방법은 없으나 이로 인한 부정적인 영향을 감소시키거나 혹은 심리적 안정을 확보할 수 있는 방법이 있다. 그것이 바로 미래와 넥스트 스텝을 미리부터 준비하는 것이다. 즉 미래에 대한 준비와 대비는 현재의 상황에 따라 좌지우지되지 않고 본인의 심리적 안정과 효율성을 유지할 수 있도록 해준다.

또한 현재 업무에 대한 집중력과 효율성을 향상시킬 수 있는 긍정적 효과도 있다. 예를 들어 현재 유지하고 있는 지위와 역할 다음에 어떤 회사에서 어떤 업무를 하고 싶은지에 관해, 3가지 정도의 대안을 미리 생각해놓는 것이 도움된다.

만약 이와 같은 준비가 충분히 되어 있다면 현재 상황에서의 안정감도 증가하고 불안정함으로 인한 스트레스도 감소하게 될 것이다. 다만 굳이 조직에 알릴 필요는 없다. 혼자 속으로 생각하면서 심리적인 안정감을 얻고, 지금의 업무를 당당하게 수행하면 된다.

|

임원의 업무 수행은 '종합예술'이다. 자신의 능력과 열정을 바탕으로 많은 사람들과의 공동 작업을 통해서 공동의 성과를 만들어낸다. 임원은 많은 사람들을 이끌고 리드해 모두가 합심한 결과를 만드는 '지휘자'인 셈이다.

이와 같은 종합적이고 복합적인 업무를 수행하는 임원급 리더의 경우 논의한 3가지로 모든 것을 해결할 수는 없으며, 다양한 측면에서의 도움과 지원이 필요하다. 업무적 측면에서는 합리적 판단과 최적의 업무 수행을 위해 적절한 모니터링과 피드백을 제공해줄 수 있는 사람이 필요하다. 이는 현재 업무와 유관된 사람 중에서 찾는 것이 도움이 된다.

또한 인적자원 관리와 관련해서 인사팀과 같은 조직 내 지원그

룹이 있다. 그런데 이와는 별개로 보다 심층적인 가이드와 해결안을 제시해줄 수 있는 전문가 혹은 전문가 그룹을 함께 활용하는 것도 좋은 방법이다. 임원급 리더는 혼자서 하는 것이 아니며, 이 모든 활동들의 종합적 결과이다.

이를 분명하게 인식하고 적극적으로 다양한 자원을 활용하는 자만이 좋은 성과를 만들어낼 수 있는 것이다. 그리고 이에 따라 성과의 질이나 내용도 차이가 날 수밖에 없다. 그래서 지휘자의 역할이 중요한 것이다.

사람을 움직이는 소통의 힘
관계의 99%는 소통이다

이현주 지음 | 값 14,000원

직장 생활에서 바람직한 인간관계를 맺기 위해 필요한 소통 방법을 다룬 지침서다. 직장 내 관계에 대한 교육과 상담을 활발히 해온 저자는 올바른 소통 방법을 알려준다. 이 책은 우리가 알고 있었던, 혹은 눈치채지 못했던 대화법의 문제점을 부드럽게 지적한다. 회사에서 답답했던 소통을 경험한 직장인이라면 이 책을 통해 그동안 겪은 스트레스를 해소할 수 있을 것이다.

서로 다른 우리가 조화롭게 사는 법
행복을 이끄는 다름의 심리학

노주선 지음 | 값 14,000원

사람들은 서로 다르다는 이유만으로 서로에게 상처를 주기도 하고 상처를 받기도 한다. 저자는 나를 알고 타인을 알아가는 질문과 설문 등을 통해 그들의 갈등 원인인 '다름'을 지적하고 해결 방안을 찾아준다. 다름의 정의를 새롭게 조명함으로써 서로의 다름을 어떻게 이용해야 할지에 대한 방법을 알려주는 이 책은 훌륭한 인간관계를 유지하기 위해 반드시 읽어야 할 최고의 지침서다.

주변에 사람이 모여드는 말 습관
이쁘게 말하는 당신이 좋다

임영주 지음 | 값 15,000원

말의 원래 모습을 잘 살려 따뜻한 삶을 살고 싶은, 이쁘게 잘 말하고 싶은 사람들을 위한 공감의 책이다. 주변 사람들로부터 "말 좀 제발 이쁘게 하지?"라는 말을 한 번이라도 들어본 적 있다면 이 책을 꼭 읽을 것을 권한다. 한 번뿐인 소중한 인생, 우리 모두 '성질'과 '성격'대로 마구 말하는 것이 아니라 '인격'으로 다듬어 말하는 사람, 즉 이쁘게 말하는 사람이 되어보자.

관계의 99%는 감정을 알고 표현하는 것이다
나도 내 감정과 친해지고 싶다

황선미 지음 | 값 15,000원

감정에 휘둘리지 않고 내 감정과 친구가 되고 싶은, 그래서 행복하게 살고 싶은 사람들을 위한 인생지침서다. 상담학 박사인 저자는 감정에 대해 제대로 알고 친해지는 법을 소개한다. 이 책은 인간이 가진 다양한 감정 중에서도 일상적이며 부정적 감정인 화·공허·불안·우울에 대해 이야기하며 부정적 감정 그 자체는 문제가 아님을, 핵심은 감정에 휩쓸리지 않고 감정을 잘 받아들이는 데 있음을 말한다.

마음이 아픈 사람을 위한 글쓰기 치유법
글쓰기로 내면의 상처를 치유하다
이상주 지음 | 값 15,000원

종이 위에 글을 쓰는 순간, 내면의 상처가 치유된다. 이 책은 견디기 힘든 상처를 안고 살아가는 사람들에게 어떻게 하면 그 상처를 치유하고 회복할 수 있을지 자세히 소개한다. 스스로를 변화시키는 방법이야 많겠지만 저자는 글쓰기가 최고의 방법이라고 말한다. 일기나 편지 또는 작은 메모부터 시작해보자. 누구에게도 꺼내지못했던 마음속 외침을 일기장에 쓰다 보면 가장 편안해지는 나를 느낄 수 있을 것이다.

나를 변화시키는 손정의의 성공법칙 122
손정의처럼 생각하고 승리하라
이상민 지음 | 값 15,000원

무시당하던 재일 한국인에서 29조 원의 재산을 가진 일본 부호 1위로 우뚝 선 손정의. 과연 손정의는 어떻게 최고가 되었고, 어떤 생각이 남다른가? 변화의 흐름을 파악하는 남다른 통찰력을 갖고 있는 손정의의 성공 방정식을 저자가 완벽하게 표현했다. 손정의 명언 122개를 소개하고 통찰력 있는 해설을 덧붙인이 책을 읽으면 당신도 그렇게 되고 싶은 욕망이 충전될 것이다.

삶의 근본을 다지는 인생 수업
해주고 싶은 말
세네카 외 5인 지음 | 강현규 · 정영훈 엮음 | 값 14,000원

이 책은 인생, 행복, 화, 시련, 고난, 쾌락, 우정, 노년, 죽음 등 우리 인간의 삶에 대한 통찰을 담고 있다. 세네카의『화 다스리기』『인생론』『행복론』 아우렐리우스의『명상록』 에픽테토스의『인생을 바라보는 지혜』 키케로의『노년에 대하여』『우정에 대하여』 톨스토이의『어떻게 살 것인가』 몽테뉴의『수상록』 9권의 위대한 인문 고전에서 현대의 독자들을 위해 정수만을 뽑아내 재편집한 결과물이다.

당신의 마음속에 온기가 스며들다
심리학의 온기
조영은 지음 | 값 15,000원

버거운 하루를 보내고 있을 당신을 위한 심리학 대중서가 나왔다. 삶이 나를 너무 힘들게 할 때 실생활에서의 문제들을 쉽고 재미있게 심리학의 개념부터 치유방법까지 설명한다. 저자는 심리학에 대한 지식이 없는 독자도 쉽게 이해할 수 있도록 풀어냈다. 인생이 주는 시련들 속에서 심리학의 따뜻한 온기가 전해졌으면 하는 바람인 것이다. 지치고 힘들 때 잠깐의 쉼표가 필요하다면 이 책을 펼쳐보자.

■ **독자 여러분의 소중한 원고를 기다립니다** ─────────────

메이트북스는 독자 여러분의 소중한 원고를 기다리고 있습니다. 집필을 끝냈거나 집필중인 원고가 있
으신 분은 khg0109@hanmail.net으로 원고의 간단한 기획의도와 개요, 연락처 등과 함께 보내주시
면 최대한 빨리 검토한 후에 연락드리겠습니다. 머뭇거리지 마시고 언제라도 메이트북스의 문을 두드
리시면 반갑게 맞이하겠습니다.

■ **메이트북스 SNS는 보물창고입니다** ─────────────

메이트북스 유튜브 bit.ly/2qXrcUb

활발하게 업로드되는 저자의 인터뷰, 책 소개 동영상을 통해 책
에서는 접할 수 없었던 입체적인 정보들을 경험하실 수 있습니다.

메이트북스 블로그 blog.naver.com/1n1media

1분 전문가 칼럼, 화제의 책, 화제의 동영상 등 독자 여러분을 위
해 다양한 콘텐츠를 매일 올리고 있습니다.

메이트북스 네이버 포스트 post.naver.com/1n1media

도서 내용을 재구성해 만든 블로그형, 카드뉴스형 포스트를 통해
유익하고 통찰력 있는 정보들을 경험하실 수 있습니다.

STEP 1. 네이버 검색창 옆의 카메라 모양 아이콘을 누르세요.   STEP 2. 스마트렌즈를 통해 각 QR코드를 스캔하시면 됩니다.
STEP 3. 팝업창을 누르시면 메이트북스의 SNS가 나옵니다.